本当は大切だけど、誰も教えてくれない授業デザイン41のこと

大前 暁政

明治図書

はじめに

「授業方法がよかったかどうか」

それは、いったい何によって決まるのでしょうか。

答えは簡単です。

授業のねらいである「ゴール」を達成したかどうかで決まります。

つまり、ゴールを達成できたらよい授業方法、達成できなければ悪い方法になるのです。

では、授業のねらいであるゴールには、どんなものがあるのでしょうか。

日本だけでなく、世界各国やＯＥＣＤなどの国際機関で共通しているゴールがあります。

①生きて働く「知識」を習得させる。
②生きて働く「技能」を習得させる。
③「思考力・判断力」を高める。
④「よりよく生きる力・価値観」を涵養する。

授業は、主にこの4つの資質・能力を育てることをゴールとする営みです。ひと言で言えば、**「自立した人」を育てるためにこそ、授業はある**のです。

授業のゴールは、社会や時代によって変わることがあります。かつての学校では、「読み・書き・計算」に代表される「基礎的な知識・技能の習得」がゴールとなっていました。それは、社会的要請として、「工場で能率よく働ける労働者を育てる」ことが学校に求められたからです。戦時中は、このゴールが「従順な兵士を育てる」ことにもなりました。

しかし、今のゴールはそれではいけません。

予測不可能な時代を生き抜ける資質・能力を育てたいのです。複雑で、答えのない問いにも対応できる資質・能力です。

つまり、**社会や世界に目を向け、仲間と力を合わせながら、自分の意思で自由に生きていける「自立した人」を育てたい**のです。それこそが、授業のゴールになります。

自立のためには、深い理解に到達させ、技能を使いこなせるようにしないといけません。また、思考力や科学的な考え方、問題解決の方法や協働して学習する方法、主体性や意欲なども高めていかなければなりません。つまり、**授業というものを、「自立」をゴールとした、幅の広い「営み」として見るべき**なのです。

さて、「授業方法」の理論は、時代と共に進化します。

例えば、かつての授業は、次のような考え方を基にして行われていました。

「学問の内容は、『事実』と『手続き的な知識・技能』から成り立っていて、その事実と手続きを、上手に伝達することが授業である」

最近になって、この考え方が、次のように変化しています。

「学習者はもともと知識や技能をもち、ある程度の理解をしている状態であり、新しい知識・技能を獲得させるには、学習者のもつ知識・技能を利用して教える必要がある」

「学習者は、仲間との協働によって問題を解決する中で、知識や技能、思考力・判断力、よりよく生きる力・価値観を高めていくものである」

その結果、例えば次のような「授業方法」が取り入れられるようになりました。

・発展的な課題に挑戦させ、解決の手助けを教師が行うことで、学習者の認識を飛躍させ、深い理解に到達させる。

・発展的な課題に、チームで解決させるようにし、仲間との相互作用、協働を通して、知識を批判的・多面的に振り返らせ、新しい認識を構築させる。

このように、時代と共に、授業方法の理論は進化します。それは、認知科学や学習心理学、発達心理学などの学問が進化しているからです。

これまでの優れた授業に学び、新しい学問的知見を取り入れ、実践を行う中で、よりよい授業方法をつくり出す。これは、教育現場にいる全員に課せられた共通の仕事と言えます。

本書は、先人の優れた授業に学びながらも、新しい学問的知見を加え、現場で磨き上げてきた**「授業方法（＝授業における教授方法）」**を紹介していくものです。

※本書で示した研究成果の一部は、JSPS科研費JP20K03261の助成を受けたものです。

2021年12月

大前　暁政

もくじ
Contents

第2章 本当は大切だけど、誰も教えてくれない
[できる・楽しい授業づくり]7のこと

第3章 本当は大切だけど、誰も教えてくれない
[認識の飛躍を促す深い学び]8のこと

第4章 本当は大切だけど、誰も教えてくれない【主体的な学習】7のこと

第5章 本当は大切だけど、誰も教えてくれない 【協同学習】6のこと

第6章 本当は大切だけど、誰も教えてくれない【授業展開】6のこと

第1章

本当は大切だけど、誰も教えてくれない

[授業方法]7のこと

1 よい授業方法は、自明のものではない

どの授業方法を選ぶか

小学校高学年の算数で、次のような問題があります。

太い水道だと10分、細い水道だと15分で、水そうがいっぱいになります。両方から同時に水を入れると、水そうは何分でいっぱいになりますか。

よくある割合の問題です。
この問題を解くためには、次の知識が必要になります。
①水そう全体の量を、仮に「1」とおいて考えること。

②全体を1とおくと、太い水道は1分間で$\frac{1}{10}$だけ水が入り、細い水道は1分間で$\frac{1}{15}$だけ水が入ること。
③両方同時に水を入れると、$\frac{1}{10}+\frac{1}{15}$だけ、1分間に水が入ること。
④全体が1なので、$1\div\frac{1}{6}$で、6分が答えになること。

さて、この問題を解かせる際、どの授業方法がよいのかが、校内研究会で問題となりました。教師によって、次のように意見が分かれたのです。なお、研究テーマは、「よく理解でき、かつ、意欲を高める算数の授業」です。

Ａ　自分１人の力で、自力で解決させたらよい（問題解決学習）
Ｂ　自力解決は難しいので、協働的に、４人班で解決させたらよい（協同学習）
Ｃ　割合の概念は学習しているが、この問題に適用すればよいのかはわからないと思われるので、教師が割合の概念が使えることを教えてから、一部だけ考えさせたらよい（教師主導の学習）

このように、大きく3つの授業方法が出て、校内研究会は紛糾しました。各授業方法を主張する人は、本気で、「この教え方が一番よい」と思っていたからです。

特に、問題解決学習と協同学習は、声高に主張がなされました。その理由は「教育委員会が推奨している」「全国的に流行している」「様々な公的機関でも推進されている」「これからの時代に求められている」といったものでした。

さて、意見が分かれて収拾がつかないので、結局すべてのやり方で研究授業をすることになりました。複数の学級があったので、別々の研究授業が可能だったのです。

どの授業方法がよかったのか

結果はどうだったでしょうか。

Aの問題解決学習は、散々な結果になりました。自力で解決することができなかったからです。

「全体を1とおく」という割合の概念は学習済みです。しかし、この問題で割合の考え方を適用してよいのか、子どもが判断できなかったのです。

では、Bの協同学習はどうだったでしょうか。

く思えました。

「1人で解決できない場合、チームで知恵を出し合えばよい」という主張は、一見正しく思えました。

ところが、現実は違いました。協同学習も散々な結果に終わったのです。わからない子が4人集まっても、やっぱりわからないままで授業終了となりました。「三人寄れば文殊の知恵」が成立しなかったのです。

AもBも、理解は保障できませんでした。しかも、両者ともに、学習への意欲さえも低いまま終わってしまったのです。

結局、理解も意欲も両方が高まったのは、Cのやり方でした。

教師主導で授業を進め、ほとんど教えてから、最後に考えさせる授業方法です。

しかも、この研究では、もう1つ新しいことが明らかになりました。

Cのやり方でも、**「学習内容の①から④のうち、どこまで教えるか」は、子どもの実態によって異なった**のです。

①だけ教えて、②から考えさせても、多くの子は理解できませんでした。

しかし、①と②の両方を教えると、その先は考えられる子もいました。

①から③まで教えないと、考えられない子もいました。
子どもの実態によって、どこまで教えるべきかが異なったのです。実態に合わせ、臨機応変に「教える内容」を選ばないといけないことも、この研究でわかったのでした。

当時、多くの学校では、問題解決学習や協同学習を中心に研究が行われていました。それこそが正しい授業方法だと、本気で信じていた教師が多くいたからです。

そして、例えば、次のような問題のときは、効果があったのです。

・三角形の内角の和が180度という既習内容を利用して、四角形の内角の和を考える。
・四角形の面積の求め方という既習内容を利用して、平行四辺形の面積の求め方を考える。

つまり、**既習内容を適用しやすい問題では、自力で解決させたり、グループの話し合いで解決させたりといった方法が功を奏した**のです。

一方で、割合の概念を適用できるかが判断できない問題では、問題解決学習も協同学習も、子どもにとって無理があったのです。

しかも、どの程度まで学習内容を教えたらよいのかは、子どもの実態によって変わることがわかったのです。

どんな授業方法がよいのかは、「学習内容（の難易度）」と「子どもの実態」によって変わる。

この、ある意味当たり前とも言えることを心の底から理解するのに、連日の議論と、実践による検証を必要としたのでした。

「だれかが推奨しているから」「流行しているから」といった理由で、授業方法は決まりません。学習内容に精通し、子どもの実態を把握している教師こそが、臨機応変に授業方法を決めなくてはならないのです。

2 ゴール次第で、望ましい授業方法は変わってくる

授業方法の良し悪しを決める要因

先の算数の授業で、もう1つ考えないといけないことがあります。

それは、**「授業のゴール」**は何かということです。

つまり、どういった理解を子どもがして、どういった資質・能力を身につけたらよいのか、授業のねらいを考えないといけないのです。

次のようなゴールだったのなら、先の授業方法で十分に達成できます。

「割合の考え方を適用して、問題を解くことができるようにする」

これがゴールなら、「問題を解くために必要な知識を教師主導で教え、考えられそうなところだけ考えさせる」で、類題を解けるようになります。

しかし、ゴールが次のようなものだとしたら、どうでしょうか。

「全体量が未知の問題は、全体量を仮に設定して解くこともできるし、割合の考え方を適用して解くこともできることに気づかせ、解き方を工夫して問題を解けるようにする」

どちらも「理解（知識及び技能）」に関するゴールです。

ところが、後者のゴールは、前者より適用範囲の広い理解をさせるものです。いわば、**より抽象度の高い視点で、俯瞰的に理解させることをねらっている**のです。

このゴールの場合、学習者の「認識の飛躍」を促し、より理解を深めなくてはなりません。先の授業方法とは、別の方法にする必要があるのです。

後者のゴールの場合、「全体を1とおく」ことを、最初から示してしまうのは望ましくありません。

教える前に、次のようなやりとりを入れるべきです。

教　師　この問題は、どうして解きにくいのですか。
子ども　水そう全体の量がわからないからです。

教　師　そうですね。水そう全体の量がわからないと解けません。では、水そう全体の量を、適当に自分で決めたら解けそうですか。
子ども　それなら解けそう。でも自分で決めていいの？
教　師　はい、自分で決めてもよいのです。30Ｌや60Ｌなど、決めていいですよ。

こんなやりとりを、あえて授業に入れるのです。

すると、全体の量を10分と15分でわりきれる量にした方がよいことに気づきます。

仮に30Ｌの水そうだとしましょう。10分で満たす水道は、１分間に３Ｌ入ることがわかります。

15分で満たす水道は、１分間に２Ｌだけ入ります。

同時に水道の蛇口をひねると、３Ｌ＋２Ｌ＝５Ｌだけ入ります。

30Ｌ÷５Ｌで、＝６分となり、答えの６分はすぐに出ます。

全体を60Ｌにしても、答えは６分です。

このように「全体を仮に設定して問題を解けばよい」ことを教えてから、「全体を１とおく割合の考え方」を適用させていけばよいのです。

割合だけを教えられるよりも、何倍も認識が飛躍し、理解が深まるはずです。

似た問題を解く際、「機械的に全体を1として割合で解くことしかできない」子と、「割合も使えるし、他のやり方でも解ける」子では、理解の深さが違うのです。

様々な文脈で適用可能な知識を教えたので、応用範囲も広くなったのです。

つまり、**授業方法は、授業のゴールによっても良し悪しが決まる**のです。

授業方法を決める前に意識すべきこと

塾では、「類題を速く正確に解けるようにする」ことがゴールです。ですから、「全体を1とおきなさい」と機械的に教えてしまい、繰り返し類題を解かせる授業方法でもかまいません。

しかし、学校の授業は違います。

学校の授業では、ゴールをより高いものに設定し、より資質・能力を高めるものでないといけないのです。

前項でも述べた通り、学習内容（の難易度）によって、望ましい授業方法は変わってきます。

子どもの実態によっても、望ましい授業方法は変わります。

そして、授業のゴールによっても、望ましい授業方法は変わるのです。

そこで教師は、授業の前に、学習内容（の難易度）を把握し、子どもの実態をつかむことを行います。

そして、授業のゴールを描きます。

すると、次のことに気がつきます。


未来（授業のゴール）と現在（子どもの実態）との隔たり

授業のゴールが高くなればなるほど、この「隔たり」は大きくなります。

隔たりが大きいほど、これまでとはまったく別の授業方法でないと、ゴールの達成が難しくなります。そのため、ゴールに合わせて、望ましい授業方法を開発・選択することが求められるのです。

不思議なことに、隔たりが大きい方が、新しい授業方法が思いつきやすくなります。これまで考えてもみなかった授業方法が、頭に浮かんできます。**授業のゴールと子どもの実態の隔たりが大きいほどに、新しい手立てがはじめて見えてくる**のです。

未来の「授業のゴール」があり、現在の「子どもの実態」があります。そのギャップを埋めるために、最後に授業方法が決まるということを、私たち教師は覚えておかないといけないのです。

3 授業のゴールには、構造がある

まず、授業のゴールを知る

授業のゴールには、日本や世界で共通しているものがあります。

①生きて働く「知識」を習得させる。
②生きて働く「技能」を習得させる。
③「思考力・判断力」を高める。
④「よりよく生きる力・価値観」を涵養する。

これらの資質・能力をまとめてひと言で言えば、**「自立した人を育てる」**ことがゴールになります。変化の激しい時代でも、生き抜けるだけの力と姿勢を育てるのです。

もう少し詳しく言えば、①の「知識」には、教科の知識だけでなく、**「教科をまたいだ知識」**（教科横断的な知識。例えば、総合的な学習の時間で学ぶ国際理解、環境、文化などの知識）も含まれます。

他にも、**「手続き的知識」**があります。手続き的知識とは、自転車の乗り方のような、目的を達成するための連続したステップや行為に関する知識です。「問題をどう解決するか」「知識をどう適用するか」といった、「どのように行うか」の知識です。

手続き的知識には、話し合いや調べ学習の仕方、問題解決の仕方、振り返りの仕方、情報活用の仕方などの、**「学び方の知識」**も含まれます。「学び方の知識」は、個別の教科に関する知識ではなく、どの学びにも必要となる学習の基盤となる力になります。

さらに①の「知識」には、「教科で学んだ知識が生活のどんな役に立つのか」「科学者や歴史学者はどう問題を捉え考えるのか」「教科を学ぶ意義は何か」「この教科の本質は何か」などの、**「１つ上の視点から教科を捉える知識」**も含まれます。この知識は、変化の激しい時代となるであろう２０３０年を生き抜く力として、ＯＥＣＤ（２０１９）が示した「ラーニング・コンパス」の中で、**「エピステミックな知識」**と呼ばれています。

②の「技能」には、歌い方や水泳などの教科に特有の技能だけでなく、調べ学習や、討論などの**「学び方の技能」**も含まれます。つまり、学び方には「知識」と「技能」の両面があるのです。学び方という「知識」を体得すると、「技能」になります。

③の「思考力・判断力」には、**「論理的思考（ロジカルシンキング）」「批判的思考（クリティカルシンキング）」「創造的思考（クリエイティブシンキング）」**が代表としてあげられます。他に知識・技能の活用力や問題解決のための考える力も含まれます。

④の「よりよく生きる力・価値観」には、学びに向かう力や主体性など、よりよく生きようとする人間性に関係するものが含まれます。気をつけたいのは、態度や価値観に加えて、**「力の要素」**も入っていることです。例えば、自分の学びをモニターし、最適な方法で学習を進める**「メタ認知の力」**などがここに入ります。また、粘り強さ（レジリエンス）、自制心、忍耐力、責任感、協働の力などの**「非認知能力」**も④に含まれます。

国や機関によっては、「技能」の中に生きる力が入ると考えるなど、カテゴリーの分け方に違いはあります。しかし、要素としては、世界共通と言えます。４つの資質・能力は、相互に関係し合いながら育成されるものであり、育成にかかる時間はそれぞれ異なります。なお、学制以来の日本でも、言葉やカテゴリーは変わることがあっても、この４つの資質・能力を育てることを義務教育のゴールとしてきました。

社会的要請によるゴールの軽重

ただし、４つの資質・能力は、時代によって軽重がつけられることがありました。例えば、明治時代の日本では、「読み・書き・算」に代表される、基礎的な知識・技能を習得させることが推進されました。

これは、他の国でも同様でした。なぜなら、**従順で能率よく働く労働者を育てるために、知識・技能を効率的に習得させる場として、近代学校制度（義務教育）がつくられたから**です。まるで工場のように、知識・技能を効率的に教える授業が求められたのでした。そのため、今でも「授業とは、熟達者が初学者に対して、知識と技能を効率よく、一斉に教えるもの」というイメージが強固に定着しています。

1970年ごろの日本では、「学び方を学ばせることが大切だ」と、探究的な学習を推進する「教育の現代化」が図られました。

2000年前後の「ゆとり教育」の時代には、「問題解決のための思考力・判断力を養うことが大切だ」と叫ばれ、算数では、1問の解法を1時間中考え続けるような授業が行われました。

2010年前後には、「協働の力が大切だ」とされ、グループでの学びが重視されて、教師は支援に徹することが推奨されました。「指導案」が「支援案」などと呼ばれた時代でした。

このように、時代によって、何をゴールにするかの軽重はありました。

授業方法にも偏りがありました。この偏りのおかげで、様々なことがわかりました。例えば、今では、算数や数学の解法を20分も30分も思考させても効果的ではなく、5分考えてわからなければ、ヒントを与えたり、解決の道筋を教師が助言したりすることが必要だとわかっています。また、わからない子を集めてグループで解決を促しても、解決できないまま終わることもわかってきています。

さて、ここで大切なのは、授業のゴールは「自立した人を育てる」ことですから、ゴールには様々なものが設定できるということです。

例えば、「知識を理解させる」「技能を身につけさせる」ではなく、「協働して学習する力や姿勢を養う」というゴールもあり得るわけです。熟達者が初学者に知識と技能を効率よく一斉に教えるという従来型の授業では、このようなゴールは達成できません。

また、「自分の学習をモニターし、自分で学習を軌道修正する力と姿勢を育てる」というゴールもあり得ます。このゴールも従来型の授業では達成できません。

つまり学校では、**自立を目指した様々なゴールを設定でき、しかも、ゴールの数だけ授業方法が違っていてよい**わけです。塾では、いかに効率よく知識と技能を習得させるかが求められます。効率よく知識と技能を教える授業一本に偏っていてもかまいません。しかし、学校教育が特定の授業のやり方に偏るということは、あり得ません。

ゴールの数だけ授業のやり方はある

世界に目を向けても、「自立した人を育てる」ための教育はますます重視されています。例えば、ＯＥＣＤ（２０１８）の**「２０３０年に向けた学習枠組み」**で示された力は、以下の通りです。

①新しい価値を創造する力（Creating new value）
②対立やジレンマを調整する力（Reconciling tensions and dilemmas）
③責任ある行動をする力（Taking responsibility）

この学習枠組みは、世界全体で様々な変革の波が押し寄せるであろう２０３０年を生きるために、どのような教育が必要なのかをＯＥＣＤの加盟国で考えていくものです。この３つの力を見るだけでも、かつての従順な労働者を育てる教育では対応できないことがわかります。

さらに、ＯＥＣＤ（２０１９）では、学習枠組みを「ラーニング・コンパス」として表現し、学習の原動力となり、育てるべき力や姿勢でもある最も中核となる概念を、**「エージェンシー（生徒エージェンシー）」**という言葉で表現しています。

エージェンシー（Agency）の捉え方は国によって異なりますが、**「高い目標を設定し、軌道修正しながら、主体的・協働的に、よりよく生きようと行動できる力と姿勢」を表す概念**です。エージェンシーを発揮すれば、ＯＥＣＤの３つの力が伸びますし、３つの力が伸びれば、エージェンシーがより伸びることになります。つまり、**エージェンシーは目標であり、プロセスで働かせる原動力でもある**のです。

このエージェンシーの概念もまた、「自立」と同様と言えます。表現は違えど、子どもを自立させるために、教育を行っていることは、どの国も変わらないのです。

教師が強く意識しなくてはならないのは、「授業には、様々なゴールが設定できる」こと、「ゴールの数だけ授業のやり方がある」ことです。

平たく言えば、**「授業のイメージをもっと豊かに、広くもつ」ことが大切**なのです。

≫ ゴールの「構造」を知る

さて、もう1つ大切なのが、**「ゴール（資質・能力）の構造」への理解**です。

授業が「楽しい」からこそ意欲がわきます。そして「できる・わかる」ようになります。「できる・わかる」からこそ自信がつき、授業を「楽しい」と感じ、学習への意欲が生まれます。つまり、**「できる」と「楽しい」は、相互的な関係になっている**のです。

「学び方」を学ぶことで、「主体性」をもって学べるようになります。自分で問題を見つけ解決するようになるのです。主体性をもって学べば、学び方がさらに身につきます。

「主体的な学び」ができるようになると、グループでの「協同学習」もできるようになります。すると、協働の力や、活用の力、問題解決の力も高まります。

協働に必要な力が高まると、学習への「主体性」も高まります。力も主体性も高まっているので、「協同学習」が充実します。すると、さらに協働の力が高まります。

このように、**それぞれの「ゴール（資質・能力）」は互いに関係し合っている**のです。

自立した学習者は、プロセスの中でその自立性を発揮し、深く学べます。そして、学びが深まるから、より自立の力と姿勢が身につくのです。

しかも、自立した学習者が集まると、互いによい影響を与え合い、各自の自信を高め、高い目標に挑戦する雰囲気ができます。学級の理想状態とは、まさにこの状態です。

さて、ここで教師が意識したいのは、**ゴールが階層構造になっている**点です。

最も上に位置するゴールは「**自立**」です。自立の力と姿勢の育成は、急にはできません。

まずは、学習者が「**できる・楽しい**」と感じるようになることが出発点です。

やがて「学び方」を身につけていき、「**主体的な学習**」ができるようになります。

「主体的な学習」ができるようになると、「**協同学習**」もできるようになります。

こうして資質・能力が高まった結果、「**高い目標への挑戦**」ができるようになります。

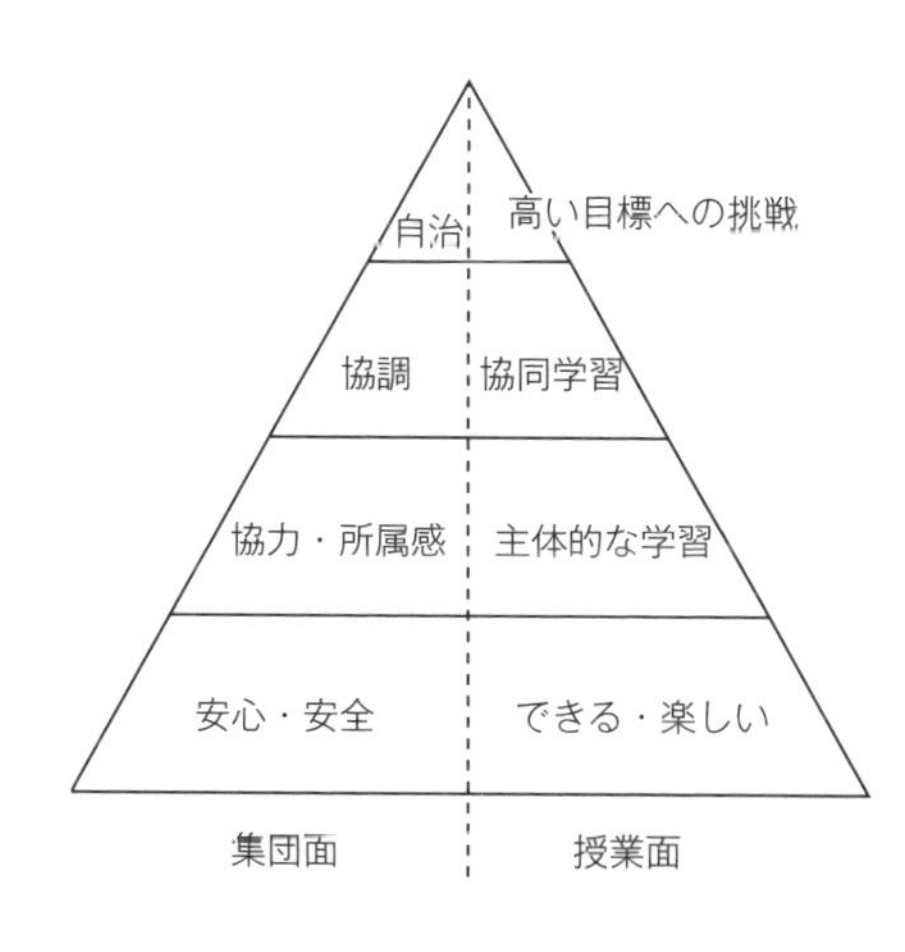

つまり、**「自立」に到達するまでに、下位のゴールを順番に達成していく必要がある**のです。

私は、この構造を「学級経営ピラミッド」として、4つの階層（上図）で示しました。「できる・楽しい」状態を出発点とし、「主体的な学習」「協同学習」「高い目標への挑戦」へと進んでいく階層構造になっているのです。

【引用・参考文献】

・「THE FUTURE OF EDUCATION AND SKILLS : Education 2030」OECD,2018
・「OECD Learning Compass 2030 Concept Notes」OECD,2019

4 隔たりが大きいほど、新しい手立てが見えてくる

望ましい授業方法は後から決まる

授業のゴールによって、望ましい授業方法は変わります。

もしも、授業のゴールが「より妥当性のある結論を導く力と姿勢を養う」なら、子ども同士の話し合いによって妥当性のある結論を導く**「討論」**が、授業の中心になることもあります。

一斉授業を中心にするのではなく、子ども同士の対話を中心とするのです。討論によって、意見を交流させ、多面的に検討させるわけです。

では、授業のゴールが「知識や技能を確実に習得させる」なら、どうでしょうか。

それなら、教師主導の一斉授業の方が効果的です。学習者の知識と経験を確認しながら、

教えるべき内容を教え、話し合いの場も用意し、知識や技能を習得させるのです。

このように、何を授業のゴールにするかによって望ましい授業方法は変わります。

そのため、毎回同じ授業方法を採用しているのは、不自然です。例えば、「これからの時代は協働が大切だ」と、「協同学習」ばかり採用するのは、偏向しています。

知識や技能を習得させる場面なら、教師主導の一斉授業で教えていけばよいのです。

授業方法はあくまで手段であり、手段は目的に応じて後から決まるものです。

授業のゴールという目的があるからこそ、それに合致した望ましい手段が決まる。授業方法が先にあるのではなく、後から決まるという意識をもたないといけないのです。

≫ 隔たりが大きいほど新しい授業方法を思いつきやすい

本章の第2項でも少し触れましたが、ここで改めて押さえたいのが次のことです。

授業のゴールと子どもの実態の隔たりが大きいほどに、新しい手立てがはじめて見えてくる。

先ほどの授業のゴールで考えてみます。ゴールは、「より妥当性のある結論を導く力と姿勢を養う」でした。

この場合、討論を取り入れることが、望ましい授業方法として考えられました。情報収集させ、学級全体で討論させることで、より妥当性のある結論を考えさせるのです。

さて、授業のゴールが決まったら、次に考えるのは、「子どもの実態」です。

子どもの実態が、「進んで発表でき、情報収集にも長けている」だとどうでしょうか。討論は、教師が少しやり方を教えるだけで、できるようになるでしょう。つまり、現状の授業方法を変える必要性は少なく、教師が少し助言すれば、討論は実現できます。

この場合、教師の創造力は発揮されません。普段の授業を少し変えるだけだからです。

ところが、子どもの実態が次の場合はどうでしょうか。

「多くの子が進んで発表できず、しかも、情報収集のやり方も未習熟」

この場合、討論の授業は、はるか高い峰に感じるはずです。**子どもの実態と授業のゴールの隔たりが大きいから**です。教師が少し助言するだけでは、討論を成立させることはできません。

すると、例えば、次のような授業方法の「手立て（手段）」が浮かんできます。

①まずは進んで発表できるようにするため、自分の考えを全員に発表させよう。
②発表させるために、資料の調べ方や読み取り方を教え、ノートに自分の考えを書かせよう。最低でも5分間は書く時間を確保したうえで、全員に発表させよう。
③話し合いに慣れさせるため、繰り返しペアで話し合わせる時間をとろう。
④討論に慣れさせるため、ペアで賛成意見と反対意見に分かれて、討論させよう。
⑤大人数での討論に慣れさせるため、４人対４人で賛成意見と反対意見に分かれて、討論させよう。

このように、次々と手立てが浮かびます。手立ては自ずとスモールステップになっているはずです。一度に全部できなくても、一つひとつ手立てを取り入れていったらよいのです。

隔たりが大きいほどに、新しい「手立て」が見えてくるカラクリになっているのです。

そのため、子どもの実態からすると、とんでもなくレベルが高いと思える授業のゴールを設定する方が、まったく新しい手立てを思いつくきっかけになることが多いのです。

もし討論がすでにできている学級なら、討論の質をさらに上げるというゴールを設定することができます。すると、例えば「教師と討論してみる」とか、「学者の意見と対決させてみる」といった別の手立てが頭に浮かびます。

このまま普通に成長していては、到底到達できないだろうと思える授業のゴールをあえて設定する。

授業のゴールと子どもの実態の隔たりが大きいほどに、新しい手立てがはじめて見えてくるのです。

≫ 1年後の子どもの姿から授業のゴールを考える

さて、学級開きからしばらくして、1年後の成長した子どもの姿を思い描くはずです。この1年後の子どもの姿こそが、授業で目指すべき最終的なゴールとなります。

このとき、教師が思いつく限りの最高の姿を描きます。

そもそも、学校教育の最高目標は、学習指導要領のどこにも書かれていません。**ゴール**

は青天井なのです。

「自立」のためには、例えば、次のような力や姿勢が必要になります。

「自分で自分を律し、目標を自分で設定し、自ら軌道修正し、仲間と協働しながら、よりよい社会や幸福な人生を切り拓くための歩みを続けることができる」

これは、義務教育の最終ゴールと言える内容です。

もちろん、急には育成できません。そこで、４月の子どもの実態を考え、現在の実態から描くことが可能な、１年後の最高の理想状態を思い描きます。大まかでよいので、一人ひとりの具体的な姿を描くのです。

すると、「１学期に、これぐらいはできておかないといけない」「２学期には、これぐらい…」といったことがわかってきます。すると、４月の終わりまでに目指すべきゴールも決まってきます。

こうして、**時系列に、スモールステップで、授業のゴールを達成していけばよい**のです。

１年後のゴールを設定し、意図的、計画的、組織的に、毎回の授業を行うべきなのです。

5

授業の上手い下手は、3つの要素で決まる

授業は料理に例えられる

授業の上手い下手はどこからくるのでしょうか。料理に例えるとよくわかります。

料理の腕　＝　授業技術
料理の素材　＝　授業内容・教材
料理のレシピ　＝　授業展開

料理でいう「腕」は、**授業技術をどの程度身につけているか**で決まります。

授業技術とは、授業を効果的に進めるための教授・指導の行為を意味します。授業の内

容やゴール、子どもの実態に合致した適切な教授・指導行為を行うスキルと言えます。

授業技術には、**「個別の知識」**に相当する個々の技術もあれば、技術が複数まとまった**「大きな知識」**に相当するものもあります。

例えば、「指名する技術」として、「少数意見から指名する」という授業技術があります。これは、1つの技術であり、「個別の知識」に相当します。

しかし、例えば「討論させる技術」は違います。「討論させる技術」には、「論点を明確にする」「検討する意見を2～3に絞る」「意見の相違に焦点を当てる」「同意見の人で交流させたうえで反論させる」「教師が意見を整理して板書する」「教師の主張は後回しにする」などの複数の技術が含まれます。これは「大きな知識」に相当するのです。

料理でいう「素材」は、**「授業内容・教材」を意味します**。

料理の世界には、「材料七分に腕三分」という言葉があります。同じように、授業内容・教材がよければ、それだけで授業はずいぶんとよくなります。

料理でいう「レシピ」は、**「授業展開」を意味します**。

授業展開には、様々なやり方があります。

基本は、系統性に沿って、簡単な内容から順番にスモールステップで教える展開です。

ただし、教科によって、それぞれ授業展開の型があります。それは、教科ごとに内容の性質が違っており、どう学べばよいのかの探究のアプローチも違ってくるからです。

ここで大切なのは、**授業をするには、教科内容そのものの理解だけでなく、「いかに教えたらよいのか」の、授業方法に関する理解が必要となる点**です。

授業技術には理解の難しいものがある

授業技術の中には、簡単に理解できるものもあれば、難しいものもあります。

「少しずつ変化をつけて繰り返す」というのは昔からある簡単な「授業技術」の1つです。同じ活動だと子どもが飽きるので、変化をつけて反復練習させるのです。

「1つずつ教える」というのも、昔からある簡単な授業技術です。

では、「発問」はどうでしょうか。これは理解の難しい授業技術になります。

なぜなら、発問のつくり方を知るには多くの技術を知らないといけないからです。「心理的な盲点に気づかせる」「意見が分かれるように問う」「正解を知らなくても考えを主張できる問いにする」などの技術です。

「意見が分かれるように問う」なら、「レジ袋の有料化に賛成か反対か」といった問い方になります。しかも、この問いに正解はないので、自由に考えを主張できます。「心理的な盲点に気づかせる」なら、「カエルや鳥の指は何本か」といった問い方になります。カエルの観察をしても、指まで見ている子はまずいません。それは「普通は5本だ」と考えていることもありますし、「そもそも指の数など重要ではない」と思っていることもあるからです。心理的な盲点になっていて、見ていても意識に上らないのです。

このように、「発問」は、1つの授業技術ではありますが、その中には、多くの授業技術が含まれています。つまり、「大きな知識」に相当するのです。

授業技術は数多くあり、各技術に含まれる情報量には違いがあります。情報量の多い「大きな知識」と言える技術ほど、理解が難しいことに注意しないといけません。

さて、ここで注意したいのが、教える「技能」に関することです。

料理は、やり方を知ったからといってすぐできるようになりません。

授業も同じです。「少しずつ変化をつけて繰り返す」「1つずつ教える」といった技術は簡単に理解できます。しかし、**それを使いこなせるかはまた別の話**です。練習しないと技能は高まらないからです。

例えば、「教師の目線を学習者に送る」という授業技術があります。

これは、目線を3秒おきで学習者に向けていき全体を把握するという単純な技術です。

しかし、これができるようになるには、相当の練習が必要です。

何度もやってみて、ようやくできるようになるのです。

自分ができているかどうかは一目瞭然です。ビデオに撮ってみればよいのです。

なお、授業技術の中には、話し方、目線の送り方、温かい表情などの「プレゼン能力」に関する技術が多く含まれます。これらは練習して技能を磨かないと身につきません。

授業の上手い下手を決める要素

冒頭で、授業の上手い下手を決める3つの要素を紹介しました。たった3つですが、内容は多岐に渡り、情報量も膨大です。整理して理解しないと、授業は上達しません。

「教材」は一番わかりやすい要素です。沖縄の砂糖生産の学習で、砂糖の原材料となるさとうきびを教室に持ち込むといった具合です。

これは、教材を持ち込んだ時点で授業はほとんど成功です。大盛り上がりで子どもたちは熱中して追究を始めるからです。10年経っても覚えている子がいるくらいです。

また、社会科の明治時代を学ぶ学習で、珍しい映像資料を用意するのも、教材の工夫です。新時代を切り開く努力として、遣欧使節団の資料を用意します。岩倉使節団の訪問先を映像で示すと、当時の諸外国の進んだ文明に、驚きの声が上がります。

また、１８６４年に江戸幕府の遣欧使節団が立ち寄った、エジプトのピラミッドの写真を提示するのもよいでしょう。和服を着た日本人の集団が、スフィンクスとピラミッドの前で記念撮影しているのです。「へぇ～」「うそみたい」という感想が思わず漏れます。


授業の上手い下手があるのは、３つの要素の習得程度が教師によって異なるからです。

ただし、その他にも授業を成立させる重要な要素はあります。

例えば、**「教師の人間性」**です。教師を尊敬でき、信頼できるなら、授業が下手でも、子どもは授業に熱中するでしょう。

また、**「学習者の主体性」**もあります。学習者に主体性があるなら、授業が下手でも、子どもは熱中しているように見えるでしょう。

しかし、授業の上手い下手を決める要素は、あくまで教師の授業力です。教師が授業力を高めるために、３つの要素を身につけようと日々努力する必要があるのです。

6 第四の要素「システム・形態」によって、授業に差がつく

≫ 楽しく・深く学べた授業

小学4年・理科の生き物の観察で、冬の生き物を探すため、校庭をまわります。

秋には多くの昆虫やトカゲ、鳥、魚などがいましたが、冬になると、校庭を一周しても何も見つかりません。石や落ち葉の下にダンゴムシすらいません。池の魚もいません。

かろうじて、テントウムシやカマキリの卵が見つかりました。

教室に帰って、さっそく話し合いが行われ、次のような説が出されました。

「遠くの暖かい場所に移動したのではないか」という移動説。

「全部冬眠して、どこか土の中などに潜っている」という冬眠説。

「全部冬になると死んでしまう」という全滅説。

このような様々な説が出されました。そして討論が行われたのです。

「チョウやテントウムシみたいな小さな生き物が遠くの暖かい場所に移動できるの？」

「遠くまで移動できるチョウもいるらしいよ」

「カニは冬眠するの？　冬にカニの漁をやっているじゃない」

「全滅するとなると、春になって子どもが生まれないじゃないか」

「池の魚は、用務員さんがどこかに持っていって保管しているんだ」

討論の後、自分が気になる生き物を見つけるために、チームを組むことにしました。魚は虫類を調べるチーム、チョウを調べるチーム、バッタなどの昆虫を調べるチーム、魚を調べるチームなどに分かれました。

そして、2回目の観察の前に、下調べをすることにしました。自分の調べたい生き物が冬をどう過ごしているのか、どこに隠れているのかを調べることにしたのです。

各チームが調べたことを、他のチームにも教える時間をとりました。

こうして、2回目の観察を行うことになりました。すると、調べた通りに、落ち葉の奥や枯れ木の中、池の泥の中などから、生き物が次々と見つかったのです。

池の魚は水草の根や泥の中、石の間に隠れていました。蛾やチョウは、蛹や卵で冬を越していました。昆虫は、落ち葉の奥や冬でも葉を茂らせている木の奥に隠れていました。ちなみに、蛹を数か月飼いました。数か月も経つと、茶色に変色し、弱っているように見えましたが、春になると、美しいアゲハチョウが出てきたのです。

この授業は、子どもたちが、1年間で楽しく、深く学べたと答えた授業の1つです。

では、どうして楽しく、深く学べたのでしょうか。

授業における「システム・形態」とは

真っ先に目がいくのは、「各自の疑問」を解決できたことです。疑問をうまくもたせて、それが解決したから学びが深まったのです。疑問をもたせるには、発問や指示、説明、助言、気づきの共有、問題の焦点化などの**「授業技術」**が必要です。

「授業内容・教材」も適していました。子どもにとって少しだけ難しく、仲間との協力や教師の助言で解決できるものであり、子どもの成長を促す難易度だったからです。

子どもの生活に近い謎だったことも、よかった点の1つです。生活上の疑問が解決したので、うれしかったのです。長年の疑問が解決したと喜んでいる子もいました。

また、わかっている状態から、わからない状態へと展開したのもよかった点です。最初に自然体験を取り入れ、疑問を発見させたうえで調べ学習を行わせ、観察を続けることで謎が解き明かされているという**「授業展開」**にしたのです。

このように、「授業技術」「授業内容・教材」「授業展開」がよかったわけです。

さて、この3つの要素以外にも、重要な要素があります。

それは、授業の**「システム・形態」**です。「システム・形態」とは、子どもが学習を進めていくうえでの、学びの仕組みや組織を意味します。システムと形態は切っても切れない関係にあるので、ここではまとめています。

「システム」で言えば、まず各自が調べたい冬の生き物を選択しました。これは**「学習の個性化」**をしていたのです。自分の興味関心に沿って調べるテーマを決めたからです。

子どもは実に多くの問題を設定しました。「動物はみな冬眠するのか」「卵や蛹で過ごすとして、3か月もの長い間生きていられるのか」などの問題も設定していたのです。

授業の自由度を高くして、問題を設定させ、似た問題意識の子を集めてチームをつくり解決しました。「学習の個性化」の後に、**「学習の協働化」**を取り入れたのです。

そして、一人ひとりが調べた情報をチームで共有し、さらに学級全体で共有させました。各自が自信をつけた後に、もう一度観察の時間をとり、観察が成功したわけです。

これは、**学習の仕組み、すなわち、「システム」の工夫**になります。

そして、システムの工夫には、学習の **「形態」** の工夫がついてまわります。

例えば、「一斉学習」「グループ学習」「ペア学習」「個別学習」などの学習形態の違いがあります。他にも、「等質集団による学習」「習熟度別による学習」「課題別による学習」などがあります。つまり、**学習の組織を変化させる**わけです。

このように、授業方法を考える際、「システム・形態」にも意識を向け、授業のゴールや学習内容、子どもの実態に合わせて、よりよい「システム・形態」を選択するのです。

整理すると、授業方法を考えるとき、合わせて4つの視点をもちたいのです。

①授業技術　②授業内容・教材　③授業展開　④システム・形態

これらすべてをひっくるめて、「授業方法（＝授業における教授方法）」と呼びます。

「授業方法」とひと口にいっても、このように様々な要素が含まれるのです。
①から③を意識できている教師は多くいます。ところが④の「システム・形態」まで意識できている人は少ないのです。

「システム・形態」を新しくするとは一斉授業を根本から変化させることも含みます。

例えば、チームに分かれ、チームごとに課題を追究し、プレゼンの場を設けて、各チームの調べたことや考えたことを共有させてもよいわけです。授業前に一人ひとりがバラバラに調べ学習を行ったうえで、調べてきたことを授業で発表し合ってもよいでしょう。学習発表会では、プレゼンを主体とした学習を披露するはずです。**「授業の形自体を新しくする」という根本的な発想も、授業をつくっていくうえでは大切**なのです。

時には、討論だけで授業を進めてもよいのです。討論中に、黒板を開放して意見を書かせたり、資料を自由に調べさせたりします。自由に動き回って相談させてもよいのです。

もっと極端な話をすると、一斉授業で同じ内容を教えるのではなく、一人ひとりの学習目標や学習内容を個別に設定し、1人1台端末を利用して、各自に合った学習方法で進める授業があってもよいのです。いわゆる**「学習の個別最適化」**という方法です。

問題解決学習や協同学習などと呼ばれる様々な「学習方法」も、①から④の様々な要素をどう取り入れるのかによって、まったく異なる形に変化します。

私たち教師は、「授業方法」（子どもからは「学習方法」）とひと言で表されるものの中に、①から④が様々に組み合わさっているのだと理解していないといけないのです。

7 「臨機応変に授業を変化させる力」で、授業のレベルが一段上がる

もう1つの授業力

授業力は、前項で整理した授業方法に含まれる4つの要素を、どれだけ習得できているかで決まります。

ここで、もう1つだけ意識したい授業力があります。

それは、**「臨機応変に授業を変化させる力」**です。

授業の最中に、「別の授業技術を選択する」「別の授業内容・教材に変える」「別の授業展開に変える」「別の授業システム・形態を選択する」といった力です。

これは、授業方法の4つの要素とは違う性質をもちます。

授業の内容やゴールを意識しつつ、子どもの実態に合わせ、4つの要素を臨機応変に変

える力だからです。したがって、一段上の力と言えます。

授業前の段階で、子どもの実態を描きながら、よりよい授業方法を考えるはずです。

ところが、授業を進めていると、子どもが困った顔をすることがあります。

思わぬところでつまずいていたり、勘違いしていたりするのです。

また、大人と異なり、子どもなりの考え方や筋道で、理解していることもあります。

子どもの「現在の理解」をつかもうとすると、様々な子どもの実態が見えてくるのです。

すると、最初に考えていた「授業技術」「授業内容・教材」「授業展開」「システム・形態」よりも、より望ましい手立てが浮かぶことがあります。

簡単な発問を挟んだり、相談の時間をとったり、少し立ち止まってノートに自分の考えを書かせて発表させたりと、新しい手立てが浮かぶのです。

知識と経験の蓄積が足りないことに気づいたら、教師が教えたり体験させたりする場合もあるでしょう。

このように、臨機応変に授業を変化させることは極めて重要なのです。

》臨機応変に授業を変化させるために

臨機応変に授業を変化させるためには、数多くの「授業技術」を知っておかないといけません。

また、「授業内容・教材」「授業展開」「システム・形態」も、様々なものを知っておく必要があります。

さらに、これらに加えて、**「子ども理解」**の力が必要になります。

「この年齢の子どもは、どういう考え方をするのか」

「この年齢の子どもには、どういう学習方法が向いているのか」

「そもそも学習者は、どのように理解し、技能を身につけていくのか」

このように、**発達に関する理解や、学習心理学、認知科学など、学習者の認知の仕方の理解が必要になる**のです。

つまり、教える対象となる子どもそのものへの理解がしっかりしていないといけないわけです。

さて、「授業技術」「授業内容・教材」「授業展開」「システム・形態」に精通したとします。そして、「子ども理解」にも精通したとします。

すると最後に手に入れることができるのが、臨機応変に授業を変化させる力なのです。

いつ、どんなときに、どういう理由で、「授業技術」「授業内容・教材」「授業展開」「システム・形態」を採用すればよいのかを理解できている。

例えば、何らかの「授業技術」「授業内容・教材」「授業展開」「システム・形態」があるとして、一つひとつバラバラに理解するのが、第一段階になります。

そして、徐々に各要素の関連や関係がわかってきます。「授業技術」同士の関連、あるいは「授業技術」と「授業内容・教材」などの関係がわかってくるのです。また、「子ども理解」とのつながりもわかってきます。

すると、いつ、どんなときに、どういう理由で、「授業技術」(「授業内容・教材」「授業展開」「システム・形態」)を使えばよいのかがわかってくるのです。

これこそが、授業のプロ(熟達者)が、もっている知識と技能になります。

≫ゴールから方法を選び、反応によって変化させる

授業をつくる際、まずは授業のゴールを意識します。授業のゴールによって、手立てである授業方法が変わるからです。

例えば、次のような「歴史のゴール」で考えてみましょう。

---

①歴史上の主要な人物を学ばせ、どんな時代にどう生きようとしたのか理解させる。

②人物に加え、歴史の流れも教え、人々がどんな時代を築こうとしたのかを理解させる。

③歴史とは、様々な人物の願いと行動、出来事が合わさって生まれるものであり、「何が重要な出来事なのか」の判断によって、時代の解釈が変わることを理解させる。

---

①から③に向けて、ゴールの抽象度は高くなります。つまり、③が最も高い視点（俯瞰的な視点）を学ぶことができるゴールになります。

授業方法もまったく変わってきます。①なら、主要人物を３人ほど選んで、どのように生きたかを調査し、発表させる展開になります。

②なら、歴史に因果関係があることや、時代を自分たちの力でつくろうとした人々がいたことを教える必要があります。そこで「自分だったら、明治時代にどんな政策をしますか」「江戸時代をどう改革しますか」と自分に置き換えて考えさせる展開になります。

③なら、そもそも歴史とは何か、歴史はどう定義づけられるのか、史実に基づいた歴史的解釈をどのようにつくればよいのか、そういったことまで教えることになります。

その場合、そもそも「この時代で重要な人物はだれか」「この時代で重要な出来事は何か」を判断させることが必要になります。自分で判断させるのです。しかも、この時代はどういう時代だと言えるか、自分なりに定義させます。すると、人によって時代の解釈は異なることに気づきます。また、研究者によって時代の解釈が異なることも教えます。

こうして、**歴史とは、何を重視するかによって解釈が変わるという俯瞰的な理解**につながっていきます。

本能寺の変も、捉え方によっては、解釈の異なる出来事になります。

主人を裏切った逆賊の行動なのか、それとも秩序と静謐の回復のための行動だったのか。

その捉え方によって、出来事の意味づけは変わります。多様な視点から、出来事や人物の生き方を検証することで、歴史とは何かを考えることができるわけです。

例えば、③のゴールを目指していたとして、「本能寺の変はただの感情的な謀反だ」と子どもが思い込んでいることに気づいたとしましょう。

その場合、明智光秀に関する一次資料を配付し、「どういった理由で本能寺の変を起こしたのか」を討論させてみればよいのです。敗者側から考えさせることで、歴史を勝者がつくることや、都合よく書かれている事実にも気づかせることができます。

「授業技術」「授業内容・教材」「授業展開」「システム・形態」に精通した教師が、子どもの考え方や理解の仕方を意識し、現在の子どもの理解の程度をつかみながら、ゴールを意識するからこそ、臨機応変に授業方法を変化させることが可能になります。

「授業は生き物」とよく言われるのは、このあたりに理由があるのです。

ＡＩが苦手なのも、この臨機応変の対応です。臨機応変の力をつけることで、ゴールですら、その場で変化させることができるようになります。

第2章

本当は大切だけど、誰も教えてくれない

[できる・楽しい授業づくり] 7のこと

8 「できる」授業が、すべての学びの出発点になる

》目に見えるものとは

社会科で工場見学に行くことがあります。

おかし工場や、お米の貯蔵施設、造船工場などに行くのです。

このとき、よく起きる失敗があります。**事前学習をしていないと、何が何だかわからないまま見学が終わってしまう**ということです。

どんな機械や仕事があるのかを事前に知っていないと、見学してもよくわからない。目では見ていても、それが何かを認識できないのです。

他の例をあげます。社会科では、絵や写真の読み取りを行うことがあります。

例えば、参勤交代の絵を見せ、「気づいたことを書きなさい」と指示します。

ここでも、子どもは知っている情報しか気づけません。背景に富士山が描かれていても気づきません。鉄砲や弓、槍などの武具も気づかないままです。

つまり、人は誰でも、**知らないものは見えない**のです。目に映っていても、頭で認識できないからです。

そしてもう1つ大切なことがあります。それは、**知っていたとしても、重要だと思っていないものは見えない**ことです。目に映っても、認識せず素通りしてしまうのです。

例えば、参勤交代の絵で、大名の駕籠や、馬に騎乗する上級武士に気づかないことがあります。これは、目には映っていても、重要な存在として認知しないからです。

さらに言えば、「疑問を出しなさい」と指示しても、価値ある問いは出てきません。

「価値ある問い」とは、例えば、次のような問いです。

「行列を横切ってはだめか」「遠くても全部歩くのか」「1日に何km歩き、何泊するか」「朝何時に出発するか」「休けいやトイレはどうするか」「1000人を超えているのに全員泊まれるのか」「お金はどの程度かかるか」「大名の妻子はどこで暮らしているか」

問題意識をもてるのは、そのことが重要だと知っている場合だけなのです。

つまり、社会見学や資料の読み取りで子どもが気づいたことは、すべて知っていたことであり、自分で重要だと思っていることなのです。

ここで言いたいのは、**知識は系統的に教えられるからこそ理解でき、積み重ねていくことができる**ということです。

体験させれば、自然と知識が身につくわけではないのです。教師が、意図的に、まず基礎的な知識から教えないといけないのです。そして、徐々に難しい知識も教え、最終的には、知識と知識の関係をつかませ、深い理解へと導かなくてはなりません。

技能も系統的に教えることが必要になる

知識を例にしましたが、これは技能でも同じことが言えます。

つまり、**知識だけでなく、技能もまた、系統的に教えないと身につかない**のです。

技能は、水泳や絵画など、実技系の科目で学ぶものだけを意味しません。他にも、記録の取り方、疑問の発見の仕方などの「学び方」も、技能に属するものです。

絵や写真などの資料の読み取り方も、「学び方」の技能の1つです。この技能も、意図的・計画的に教えないと、子どもに習得させられません。

「事物を比べたら、違いや共通点が見つかりやすい」

「位置や場所、方角を考えたらよい」「数や大きさ、色などに注目するとよい」

「因果関係を考えたらよい」「一般的に言えそうなことを考えたらよい」

「時間の経過を考えて、過去と現在を比べたらよい」

「別の事例で学んだ現象や法則が当てはまるかどうか、類推してみるとよい」

このように、「資料の読み取りの技能を高めよう」と教師が意識し、しかも、教えるべき技能の中身を意識したうえで指導しないと、子どもの身につかないのです。

「資料読み取りの技能」も、「資料を読むための知識」もない状態では、絵や写真を見せ、子どもに自分で学ぶように促しても、十分な学びにならないのです。

だからこそ、**まず教師が意図的・計画的に、知識や技能を教える必要がある**のです。

「できる」授業は、すべての学びの出発点になるのです。

知識と技能を教えられなかった子どもは、いつまでもできないままです。

これは、作文や歌唱、剣道などの武道、サッカーや水泳などで考えると容易にわかります。泳げない子に、自分で問題を発見して、自分のやり方で泳げるようになりなさい、と任せることはありえません。これでは、泳げるようにならないばかりか、危険です。実際、水泳嫌いになる子は多くいます。反対に、基礎技能から系統的に教えると、はじめて大プールに入る小学3年生でも、全員が補助具なしで、25m以上泳げるようになります。

作文も、とにかく書きなさい、では上達しません。

書くことへの抵抗はなくなるかもしれませんが、それは文章の上達とは別の話です。句読点の位置、主語と述語の位置、修飾語の位置、描写の仕方、一文一義など、教える知識・技能は数多くあります。これらは、意図的・計画的に教えないと身につきません。

生まれつきテニスやサッカーの才能のある子がいるとします。しかし、テニスやサッカーはしていません。この場合、テニスやサッカーの経験者には、絶対に勝てません。

なぜなら、スポーツには、領域固有の知識・技能があるからです。

サッカーなら、ボールコントロールの仕方、ファーストタッチの仕方、ドリブルの仕方、パスの仕方など、その領域固有の知識・技能を教えられないと、上達しないのです。

自分で上達する方法を考えるのが大切だからと、自由にサッカーをさせ、基礎・基本を教えないチームやスクールがあります。小学校6年間経っても、知識・技能は身につかないまま終わることがよくあります。悲しいことですが、これは厳然たる事実です。

反対に、系統的に知識・技能を教えるコーチの下では、たった数か月、1年もあれば、多くの子が劇的に上達します。小学1年生でも、です。

「子どもは自力で学べば自然に伸びる」と思い、教えるのを放棄した教師の下では、子どもたちは悲惨な状態です。逆上がり、跳び箱、作文、歌唱、楽器演奏、漢字、計算、絵画、水泳などができないままなのです。これらの知識・技能は、それぞれ効果的な指導法が開発されています。効果的な指導法があるなら、それを知り、意図的・計画的に指導すればよいのです。

つまり、**知識も技能も、教師が意図的・計画的に教える必要がある**ということです。知識・技能を教えられるから、別の新しい知識・技能が学べます。水泳なら、25m泳げるからこそ、フォームの改善などレベルの高いことに挑戦できるのです。

かつて、小学校で教える知識や技能は、基礎・基本が多いのだから、子どもに予習させたらよいと主張した教師や学校がありました。いわゆる先行学習と呼ばれるものです。結果は大失敗でした。「基礎・基本なのだから簡単だ」と思っているのは教師だけで、子どもにとってははじめての学習内容に変わりはなく、自力で学ぶのは困難だったからです。

教えるべき内容を、教師が意図的・計画的に教え、「できる」を保障する。それが学習の出発点となるのです。

9 「できる」に至るには、4つの段階がある

》「できる」の中身

授業では、まず全員を「できる」ようにすること。これが出発点になります。

「できる」の意味は、奥深いものです。知識についていうと、**単にその物事に関する知識を教えるだけでは、「できる」状態にはなりません。**

物理の力学、ニュートンの運動方程式を例にします。F＝maの理解には、まずこの式がどういう意味なのかの**「その物事自体に関する知識」**を教える必要があります。

Fは力（N＝ニュートン）で、mは質量（kg）、aは加速度（m／s^2）だと教えます。

ただし、これだけでは、何のことかよくわかりません。

そこで、式の意味をもう少し詳しく教えます。質量mの物体に、力（F）が働くとき、

この物体には、F＝maで決まる加速度aが生じるという意味です。この場合の「＝」は「左右が同質のもの」というより、「原因と結果の関係がある」という意味になります。

力が大きいと加速度も大きくなり、質量が大きいと加速度が小さくなります。つまり、比例と反比例の関係にあるのです。実験で確かめると一目瞭然です。

ただし、これでもまだ理解は不十分のはずです。そこで、具体例を教えていきます。

「ある方向に動いている（静止していてもよい）質量1・0kgの物体に、5Nの力を加えました。F＝maですから、5＝1.0×aで、加速度は5（m／s^2）となりました」

類題も考えさせます。「ある方向に動いている質量5・0kgの物体に、10Nの力を加えた場合の加速度は？」答えは、10＝5.0×aで、加速度は2（m／s^2）になります。

視覚的、感覚的に理解させるため、等速度で動いている物体や、静止している物体を示しながら説明します。これでF＝maの式の意味をずいぶんと理解させることができます。

しかし、これで終わりではありません。別の問題を考えさせていきます。

「西向きに10m／sで運動する5・0kgの物体に、西向きに10Nの力を3・0秒間加えると、物体の速さはどうなるか」

まず加速度を考えます。先に示したように、生じる加速度は2（m／s^2）になります。

速度の公式v＝v0＋atに代入すると、10＋2×3＝16（m／s）となります。

勘違いしやすいところも教えます。「強い力を加えると加速度は大きくなり、弱い力だと加速度は小さくなります。では弱い力で引っ張り続けるとどうなるでしょう」

速度はあまり変わらなそうですが、弱い力でもどんどん加速していくので、やがて大きな速度まで加速します。小惑星探査機のエンジンは、わずかな加速しか生みません。しかし、わずかな加速の力を加え続けると、大きな加速が可能なのです。この問題を解くことで、「速度の公式とも関係しているのだな」と**「知識と知識の関係」**がわかります。

張力T
加速度a
mg

また、重力も同じ式で表せます。F＝mgです。gは重力加速度です。重力による垂直方向の力にも関係しているとわかります。
さらに、運動方程式を使った計算問題で、F＝maの公式を「具体的にどう使うのか」を教えます。糸で物体を引き上げる運動、滑車で物体を引き上げる運動、机の上や斜面上の物体の運動などを考えさせるのです。 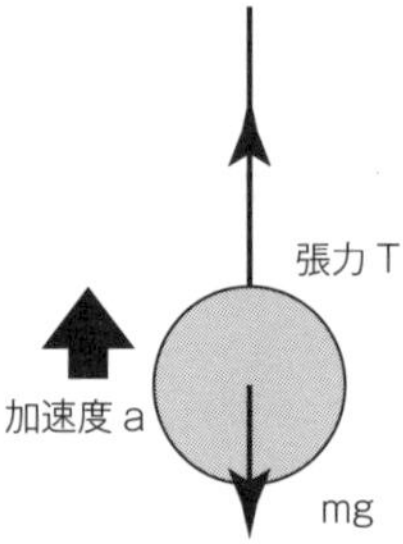
「糸でつるした質量5・0kgの物体があります。糸をつかみ、上の方向に、加速度a＝0.4（m／s^2）で引き上げました。このとき、糸の張力の大きさTを求めましょう。糸の質量は無視できるほど小さく、重力加速度は、9・8（m／s^2）とします」

まずF＝maを意識します。5.0（kg）×0.4（m／s^2）＝2（N）となります。上向きに2（N）の力が糸にかかっています。もう1つ糸にかかっているのが重力です。F＝mgで5.0×9.8＝49（N）となります。結局糸にかかっている力は49＋2＝51（N）になります。

様々な問題を解くことで、運動方程式が、速度の公式や重力にも関係しているとわかります。F＝maの意味がわかっただけでなく、他の公式との関係や、重力との関係も理解できたわけです。これで、ずいぶんと運動方程式F＝maの理解が進みました。

また問題解決により、F＝maの式をどういう状況で使えばよいのかもわかりました。

実は、これはとても大切な知識の1つです。知識を現実の問題に当てはめ、解決するには、問題を解くために知識をどう使えばよいのかの、「手順」「手続き」「方略」のような**「知識をどう使えばよいのかの知識」**も必要になるということです。

まず、加速度が発生しているかどうかを考えます。加速度があれば、F＝maを使えばよいのです。加速度がなく静止していたり、等速直線運動であるなら、運動方程式ではなく、力のつり合いを考えたらよいのです。力のつり合いを考える場合は、水平方向と垂直方向の力をみて、それぞれの力が反対向きに同等の力が働いていると考えます。

先の問題は、加速度が働く運動なので、加速度に平行な力を考えていけばよいのです。問題を解くときに、重力による力も考えます。F＝mgです。また、重力や電磁気力などの場の力を除いて、触れている物体からしか力が働かないことも意識しなくてはなりません。運動の方向を＋の方向で考えます。さらに、運動している方向に加速度が生じていることを意識します。斜面上の物体に関する運動方程式なら、力の分解をして、運動する方向に平行な成分の力を求める知識も必要になります。

このように「知識をどう使えばよいのかの知識」を理解しないと解決できないのです。

》「できる」に至る4段階

「その物事自体に関する知識」は、最低限の知識です。**「知識と知識の関係」**も教えなくてはなりません。しかも、問題を解くには**「知識をどう使えばよいのかの知識」**も必要になりました。

こうして知識の理解が進むと、**一段上の抽象度で内容をつかめるようになります**。

「力を加えると、加速度が生じる。力が加わっていないと（力が加わっていてもつり合っていると）、静止しているか、等速度運動をしている。ものを落とすと徐々に加速する。

そのため重力は、加速度の運動だ。重力は、力が連続してかかっている状態と解釈できる。落ちている物は、見えない小さな衝撃を連続的に加えられていることになる」

重力と力の関係をこのような形で抽象度を高くして理解している人は少ないのです。

重力は毎秒９・８ｍだけ速度が速くなるのだな、という秒刻みでは理解していても、もっと細かな時間に力が連続で加わっている状態であるとは理解していないのです。

---

①「その物事自体に関する知識」を理解する段階
②「知識と知識の関係」を理解する段階
③「知識をどう使えばよいのか（手続きや方略）の知識」を理解する段階
④「抽象度の高い知識」を理解する段階

このように、「できる」に至るには様々な段階があり、認識が飛躍し深い理解が生じるのは、②以降に起きることが多いのです。知識を例にしましたが、技能も同じです。技能の場合、**「使える」で終わるのではなく、「使いこなせる」まで到達させないといけません。**

「生きて働く知識・技能」の習得は、簡単なことではないのです。

知識や技能の確実な習得により、活用力などの「思考力・判断力」も高まります。

10 「楽しい」授業には、子どもの認識の飛躍がある

「詩の読解」をどう授業するか

三木露風の「晴間」という詩があります。小学4年や5年で読解する詩です。できるだけ深く読解させるため、次のように授業を展開します。

まず教師が範読し、読み方を確認します。そして、子どもに音読させます。

続いて、「気づいたことや疑問を書きなさい」と指示します。書く時間を5分とります。

その後、4人班で気づいたことや疑問を話し合わせます。

「短い詩だ」「夏の話だ」など、簡単に気づける内容が出されます。価値のある疑問はまだ出ないのが普通です。「『遠雷』って何かな」「『をりからに』の意味は？」といった表面的な疑問が出されます。言葉の意味は辞書で確認させます。

晴間　三木露風

八月の
山の昼
明るみに
雨そそぎ
遠雷の
音をきく

雨の音
雷の音
うちまじり
草は鳴る
八月の
山の昼

をりからに
空青み
日は照りぬ
静かなる
色を見よ
山の昼

ここまでで、文章の読み方と言葉の意味を確認しました。

ここからさらに、読み取りやすい内容を確認していきます。

「文字数に注目すると、何か気づきませんか」

すべて5音になっています。また、6行ずつになっています。

「題名は何ですか」「晴間とはどういう意味ですか」「作者はだれですか」「何連の詩ですか」「話し手はどこにいますか」

題名の「晴間」が、「一時的に雨が止んだ間」を意味する言葉だと確認しておきます。話し手が山の中にいることも確認します。

この段階で、詩の表面的な意味をつかませました。

続いて、さらに深く読み取らせていきます。推論や類推、解釈が必要な内容を問うのです。

「話し手のいる場所の天気を考えます。一連、二連、三連の天気をノートに書きましょう」

このあたりから急に難しくなり、子どもたちは必死で考えます。

一連の「明るみに　雨そそぎ」で解釈が分かれます。「話し手のいるところが暗くて、遠くの明るいところに雨が降っているのか」「話し手のいるところが明るくて、しかも雨が降っているのか」、その他なのか、様々な意見が出されます。

二連は、明らかに大雨になっています。三連は、晴天になっています。

一連は晴れなのか雨なのか、それが問題として残ります。そこで、一連の情景を絵にかかせます。そして、「一連の天気はどうなのか」を話し合わせます。

なかなか決着がつきません。遠くで雷が鳴っていることはわかります。遠くでは雨が降っています。でも、話し手のまわりの天気や様子がどうなのかがわからないのです。

そこで、教師がヒントを与えます。

「別の角度から考えてみましょう。話し手は、何に感動したのですか」

何に感動したのかは、題名を見ればわかります。「晴間」に感動したのです。

「晴間ですから、少しの間だけ晴れたのですね」

この別角度からの検討によってわかります。少しの間だけ（三連だけ）晴れたのですから、一連も話し手のいる場所に雨が降っていないとおかしいのです。

「このあと、四連があるとしたら、話し手のまわりの天気はどうなりそうですか」

もちろん雨です。「晴間」とは、「一時的に雨が止んだ間」だからです。

「それぞれの連では、どんな音がしますか」三連だけが静かであることがわかります。

「色を見よとありますが、どんな色が見えますか」空の青、山の緑などが出ます。

感動した三連だけ、他の連と違うことがわかります。つまり、色も鮮やかだし、静かなのです。だから晴間に感動したことがわかります。

「三連だけ他の連と反対です。この表現方法を『対比』といいます」と教えます。

≫「楽しい」授業とは

さて、この授業における授業方法の「工夫」は何でしょうか。

この授業では、最初に**「気づいたことや疑問」**をノートに書かせています。

その結果、子どもが素通りしてしまう情報を知ることができます。

その素通りした情報を読解させるように授業を進めたのです。素通りしてしまった情報に気づかせるように発問したことで、子どもたちは認識の飛躍を促されました。

そして、1人では読み取れなかった、みんなと話し合っても読み取れなかった情報に気づくことができました。つまり、この詩で伝えたかった内容や感動がわかったのです。

しかも、「対比」という表現方法があることも理解できました。

授業の後、子どもたちは口々に言います。

「国語って楽しいね！」「謎解きみたいでまたやりたい！」「他の詩も読みたい」

この授業は子どもにとって「楽しい」授業だったのです。最大の工夫は次のことでした。


子どもの認識の飛躍を促すこと。


つまり、**「楽しい」とは、「知的に楽しい」という意味**なのです。平たく言えば、**驚きや発見、感動があるという**ことです。だから、深く学べるのです。

例えば、子どもが素通りしてしまった情報に気づかせるのも、認識の飛躍を促すことになります。子どもが考えてもいないこと、重要だと思っていないこと、そういうことに気づかせるのです。

子どもには（大人にも）、自分がもともともっている知識の枠組みがあります。

そして、その知識の枠組みを通して、新しい知識を理解しています。

もともともっている知識の枠組みでは気づかなかった、重要だと思えなかったことに気づかせるのです。すると、認識の飛躍が促されるのです。そして、もともともっていた知識の枠組みが、さらに一段階強化されるような学びになるのです。

これは、理科の「山の授業」で考えるとよくわかります。

「山は何でできていますか」と尋ねます。

子どもは木や土でできていると思っています。しかし、山の本体は岩石であることが多いのです。固い岩石だからこそ、山として、風化せずに残っているわけです。

岩石とひと口に言っても、火成岩、変成岩、堆積岩と様々あります。

また、堆積岩といっても、化石の場合もあれば、海で堆積した石灰岩の場合もあります。もちろん砂岩や泥岩でできている山もあります。海の底の岩石が山になることもあります。

「山はどのようにしてできるのだろう」とさらなる疑問がわきます。また「山に草や木が生えているのはなぜだろう」「山が削れて土になったのだろうか」「そういえば草や木があまり生えていない山もあるな」などと、疑問や新しい気づきが生まれます。つまり、認識の飛躍が促されたのです。

授業は**子どもが素通りしてしまう情報に気づかせ、認識の飛躍を促すことが大切になる**のです。子どもの知識の枠組みがさらに強化されるからこそ、知的に満足するのです。

11 「できる・楽しい」授業の段階で、「学び方」を身につけさせる必要がある

≫「学び方」を身につけるとは

教科に関する知識や技能を習得させるだけが、授業の目的ではありません。

「学び方」という知識・技能を習得させることも、授業の目的となります。

「できる・楽しい」授業の中で、この学び方をも教えなくてはなりません。

というのも、**学び方を身につけることで、自分だけで学べる力が育つから**です。

もう一度、前項の国語の読解場面を振り返ってみましょう。

「晴問」の授業で示したように、物語や詩などの読解では、深く読むことができると、授業としては成功です。

そして、もう1つ意識しておきたいのが、「読解の仕方」を学ぶということです。

例えば、「対比」という表現方法を「晴間」の詩を通して教えました。
これは、「読解の仕方」という学び方を教えたことを意味します。
これから詩や物語を読むときは、「対比」を意識して読み取るとよいのです。
他にも、「読解の仕方」は、たくさんあります。
・物語には、主役と対役がいること
・色彩によって、場の雰囲気をつくっていること
・「起承転結」「序破急」などの展開になっていること
・何らかのテーマや主題が設定されていること
・語り手として視点が設定されていること
このような、「読解の仕方」をも授業で教えていくべきなのです。

そうすれば、次に別の物語や詩を読む際、教師に頼ることなく自分で読むことができるようになります。つまり、「読解の仕方」という学び方が身についたわけです。

≫「深く学ぶ」と「学び方を学ぶ」

前項で示したように、深く理解する（深く読む）には、認識の飛躍を促すことが大切で

した。つまり、子どもが気づかず、素通りしてしまっている情報に気づかせたのです。

深く読むことができれば、当然、物語の様々な表現方法の工夫にも気づけます。

つまり、深く読むことで、「読解の仕方」を学ぶことも充実するというわけです。

そうして「読解の仕方」を学ぶことができれば、より深く読むことが可能になります。

つまり、両者は相互的な関係にあるわけです。

ただし、両者に違いがあることに注意しなくてはなりません。

深く読ませるとは、あくまで物語自体を自分なりに解釈させることを意味しています。

一方、「読解の仕方」を学ばせるとは、別の視点から物語を振り返る（読解の仕方自体を教える）ことを意味します。

この2つは、理解の抽象度が違い、カテゴリーが違うのです。

だから、教師は**「深く学ぶ」と「学び方を学ぶ」の2つを区別して意識していないといけない**のです。

学び方を身につけさせるため、教師は授業方法を工夫しなくてはなりません。

一番わかりやすいのは、直接的に学び方を教える方法です。

例えば、社会科や理科なら、問題を発見するやり方自体を教えるのです。

「何かと何かを比較して相違点や共通点を探る」ことで、問題が見つかります。学問の出発点は、「事物と事物の比較」から始まることを教えたらよいのです。

次に、仮説や予想を考える方法を教えます。例えば、「帰納」の仕方を教えます。複数のものを観察したり調べたりして、一般化できそうな性質や因果関係を考えれば、予想や仮説を立てることができます。「類推」の仕方を教えてもよいでしょう。空気は圧すと縮んだから、水も圧せば縮むだろうと予想させるのです（実際は縮まない）。

問題解決の仕方も教えます。実験や見学で確かめる、関係者に取材に行く、ネットで情報を集める…などです。

このように、**「できる・楽しい」授業には、教科内容自体の知識や技能を習得させるだけでなく、「学び方」という知識・技能を教えることも含まれる**のです。

「学び方」は、その教科だけで使えるものもあれば、「問題解決の仕方」「情報の整理の仕方」など、他の教科でも使える汎用的なものも含まれます。**「できる・楽しい」授業の段階で、基礎的な「学び方」を、意識的に教えておく必要がある**のです。

「学び方」を学ぶことは、論理的思考や、問題解決のための考える力などの「思考力・判断力」を高めることにもつながっています。

12 「深く学ぶ」と「学び方を学ぶ」が、「主体的な学習」を促す

≫「主体的な学習」を実現するには

「できる・楽しい」授業（学習）が、その他の授業（学習）のすべての土台になります。

「できる」授業で、知識・技能を確実に習得させます。知識・技能を習得することで、思考力・表現力も高めることができます。

「できる」授業で習得させる内容には、「学び方」も含まれました。学び方を学ぶことで、教師に頼らなくても学べるようになっていきます。

また、知的に「楽しい」授業で、認識の飛躍を促し、深い学びになるようにします。知的に「楽しい」からこそ、学びに向かう力や主体性が養われます。しかも、深い学びになるほど、知識・技能がより習得でき、思考力・表現力もより高まります。

こうして、「できる・楽しい」授業が成立することで、やがて1人で進んで学ぶ**「主体的な学習」**ができるようになります。

「主体的な学習」が実現する様子を、社会科の歴史学習で見ていきます。

ある時代の中心人物や主な出来事を教えたとします。

また、情報のまとめ方や情報を集めるためのネット検索のやり方も教えました。

知識や経験が蓄積されると、疑問や調べたいことが頭に浮かぶようになります。つまり、問題を自分で設定することができるようになるのです。

「戦国時代を理解するうえでキリスト教の伝道者の役割が大切そうだ」

「戦国時代を理解するうえで下克上をした武士だけでなく朝廷や将軍の役割も大切だ」

「下克上をした武士は新しい国の仕組みをどうつくろうとしたのかを調べよう」

その分野に関しての知識や経験があると、価値のある問題を学習者自身が設定できるようになります。これは「まだわかっていないことがわかる」ことを意味しています。

つまり、**ゴールと自分の現状（現在到達している習得の程度）とのギャップに、教師だけでなく、子ども自身も気づける**のです。

だからこそ、「戦国時代の国の仕組みを調べないといけない」「政治を進めている主体を知らないといけない」という、今後の学習の筋道が見えてくるのです。そして、調べ学習や作文、発表の技能が身についていると、自分で調べていくことができるのです。

さらに、次のような「学び方」もこれまでに教えていたとしましょう。

①その分野に関する情報を集め、それでもわからないことは問題として設定すること
②問題に対して、「たぶんこういうことだ」という仮説や予想を立てること
③その仮説が正しいかどうか、資料を基にして検証すること
④資料の情報を基に、結論を出すこと
⑤より妥当な結論を出すために、プレゼンや討論で情報を交換し合うこと

これは、**「学習の進め方」**という「学び方」に相当します。学習展開を知っていると、見通しをもって自分で学習を進めることができます。

「主体的な学習」を実現するには、1人でも学びを進められる力が必要になります。「解決の方法」や、「学習の進め方」などの「学び方」の習得が必要になるのです。

》「できる・楽しい」授業で「主体的な学習」を促す

ただし浅い学びでは、初学者の域を出ず、価値のある問題を考えることは困難です。

価値のある問題が生み出せるのは、ある程度、深く学べている人だけなのです。熟達者までいっていなくても、初学者よりは深く学べていないといけないのです。

また、解決の方法や学習の進め方という「学び方」を教えられたとしても、すぐにできるようにはなりません。習熟のための時間が必要です。そこで最初は、教師が子どもと一緒に学習を進めていく必要があります。教師が繰り返し援助に入るのです。

さて、体育を例として、「できる・楽しい」授業を実現することで、「主体的な学習」を促す授業を紹介します。

「できる」ようになるには、深い学びが必要になります。「知識と知識の関係」や「知識をどう使えばよいのかの知識」も理解させなくてはなりません。

技能の場合は、使いこなせるまで練習させないといけません。

サッカーで、「逆サイドを見る練習」「逆サイドへのパスの練習」をするとします。

では、そもそもなぜ逆サイドにパスしないといけないのでしょうか。

理由は簡単です。サッカーのゴールは横長の形をしていて、キーパー正面のシュートは容易に防がれますが、逆サイドの味方にパスすれば得点しやすくなるからです。このように、知識や技能をいつ、なぜ使うのかの理解も生きて働く知識・技能の習得には必要です。

さて、効果的なのは、問題解決の過程で、問題解決の仕方（学び方も含む）を教えながら、知識・技能を習得させる方法です。具体的な問題解決の過程で知識や技能を教えているのですから、知識・技能をいつ使えばよいかがわかります。

サッカーなら、ハードルのゴールを3個置き、3人対3人のミニゲームをします。キーパーしか入れないゾーン（もしくはだれも入れないゾーン）があり、ハードル3個はどこに置いてもかまいません。これは、逆サイドを意識して、パスやシュートをする練習になっています。「どうしたら簡単に得点できると思いますか」と教師が発問します。

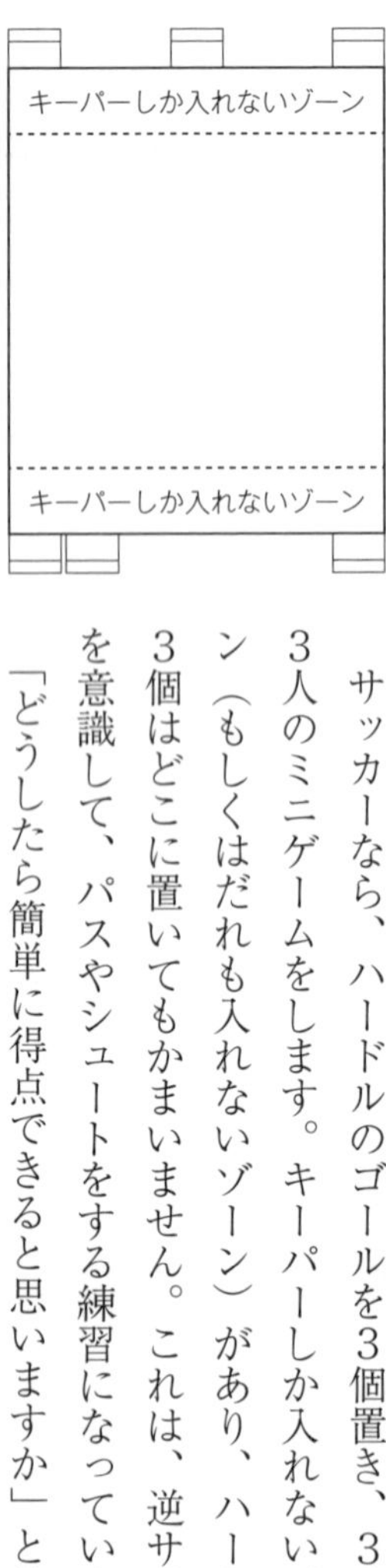

すると、子どもたちは「ハードルを離して置き、キーパーがいない方の味方にパスしてシュートをすればいい」と答えます。

そして、これが現実のサッカーと同じ構造になっていることを教えます。すると、なぜ逆サイドを見ないといけないのか、逆サイドへのパスを練習しないといけないのかがわかるというわけです。**知識を適用する条件がわかる**のです。

さらに、「学び方」を教えていることにもなります。身につけたい知識・技能を意識し、繰り返し練習できるゲームを考えたらよい（平たく言えば、ルールやゲームのやり方を自分たちで工夫して楽しめるようにしたらよい）、という「学び方」を示しているのです。逆サイドの意味に気づかせる深い学びによって認識の飛躍が促され、知識を理解できました。また、繰り返しの練習によって、技能も向上します。

この状態で「学び方」を学んでいると、「主体的な学習」の素地が整うのです。

「短いパス技能向上のため、横側にもハードルを増やして、4人対4人でやろう」

「長いパス技能向上のため、大きなコート・ゴールで、6人対6人でやってみよう」

「フリーになる練習のため、守る人数を減らしたり、得点2倍の人を入れたりしよう」

このように、「できる・楽しい」授業で学んだ知識・技能（学び方も含む）を使って、さらにゲームを工夫したり、難しい場面に挑戦したりという気持ちが生まれます。

そして、実際に自分たちで工夫してサッカーのゲームができるようになるのです。

「できる・楽しい」授業によって、「深く学ぶ」ことを実現します。しかも、「学び方を学ぶ」ことも実現します。**「深く学ぶ」と「学び方を学ぶ」の2つがそろうから、「主体的に学ぶ」ことも実現できる**のです。

13 授業の各段階には、相互的な因果関係がある

》「荒れた子」のよくある事例

ある子は、小学校に入学して以来、授業に集中して取り組むことができませんでした。落ち着きがなく立ち歩き、授業がおもしろくないと思うと、教室を脱走しました。授業に参加しないのですから、当然成績も下がりました。成績が下がったことで、さらに意欲をなくしました。授業に参加しても机に突っ伏しているか、気に入らないことがあると脱走してしまうのでした。

こうして低学年、中学年と過ごし、高学年になりました。

高学年になると、ますます学習への拒否反応は大きくなりました。遅刻も多くなり、教室に入っても、机に突っ伏したままなのです。できないことや、気に入らないことがある

と、人が変わったように暴言を吐き、暴れだし、ドアを蹴って教室を出て行くのでした。

こうして小学校最後の学年で、私が担任することとなりました。

「できる・楽しい」授業から始め、特に成功体験を重ねることを重視しました。4月には、「国語がおもしろい」「計算ができるようになった」と喜びの声を上げました。

落ち着きがなく、集中が苦手なだけで、もともと力のある子でした。少しずつ、前年度までの学習内容を理解し、できるようになっていきました。

授業が楽しいから、学習もできるようになる。学習ができるようになるから、授業がさらに楽しくなる。このようなよい循環が生まれたのでした。

ただし、1学期初期の段階では、「主体的な学習」をすることはできませんでした。というのも、自分1人で学習を進めるやり方がわからなかったからです。問いを自分で設定したり、解決方法を考えたりすることはまだできませんでした。また、自分の学びを振り返り、軌道修正することもできませんでした。

もう1つできないことがありました。それは、「協同学習」です。4人班でチームをつくって問題を解決させようとすると、いつもけんかになって終わってしまうのです。

けんかになる理由は様々でした。「何をしたらよいのかわからない」「わからない人が集まっても、いつまでもわからない」「友だちとどう協力すればよいのかわからない」「友だちが自分のがんばりを認めてくれない」「さぼっている友だちがいるのが許せない」など、様々な理由で最後にはけんかになって終わるのです。

しかしこれが、1学期も終わり、2学期になってくると変わってきます。

まず、家で自主学習をするようになりました。授業中に思いついた問いや、教師から出された問いを、自分で調べてくるようになったのです。調べ学習という「学び方」を習得し、かつ、学習を「楽しい」と感じるようになったからです。保護者も驚きました。なにしろ、小学校入学以来、家で自主学習をしたことなどなかったからです。

さらに、「協同学習」もできるようになりました。問題解決の仕方（学び方）と、解決に必要な知識と技能が身についてきたからです。「協同学習」を通して、友だちと協力・協働しながら学ぶやり方も学んでいきました。

こうして最終的には、「高い目標への挑戦」ができるようになりました。苦手な科目で満点を取る、一度も参加したことのない運動記録会に出場する、学習発表会で堂々と1人でプレゼンをする、などです。そして、そのすべてを実現させました。

たった1年で、高い目標に挑戦できるまでに成長し、しかも、高い目標を次々と更新し、実現していけるようになったのです。その変貌に、保護者をはじめ、まわりの教師、子どもも皆驚き、そして称賛しました。

授業の発展段階を意識する

この事例からわかるように、出発点となったのは「できる・楽しい」授業でした。もしも「できる・楽しい」授業を実現できなかったら、この変容は生まれたでしょうか。やはり、難しかったと言わざるを得ません。この事例と似た荒れた子を、その他に幾人も担任してきました。そして、同じように成長し、変容した事例をいくつも見てきました。

学習者の変容には順序があるのです。「できる・楽しい」授業で知識・技能が習得できるだけでなく、やる気も高まります。自信も高まります。「学び方」の基礎も身につきます。もちろん、「思考力・判断力」も高まります。

「学び方」を習得することで、やがて「主体的な学習」を進められるようになります。「主体的な学習」を促すことで、さらに「学び方」が身につきます。

こうして、徐々に「協同学習」や「高い目標への挑戦」ができるようになるのです。

前章で述べた通り、私はこの階層を「学級経営ピラミッド」という形で示しています。

もちろん「協同学習」でも、仲間と協働して学ぶという「学び方」が身につきますし、「高い目標への挑戦」でも、自分で軌道修正しながら努力を続けるという「学び方」が身につきます。しかし、**土台となるのは、あくまで「できる・楽しい」授業**です。「できる・楽しい」授業の段階で、基礎的な「学び方」を習得させるのです。また、知識や技能を確実に習得させ、学習への意欲や自信も高めるのです。だからこそ「主体的な学習」「協同学習」「高い目標への挑戦」と上階層に進むことが可能になるのです。

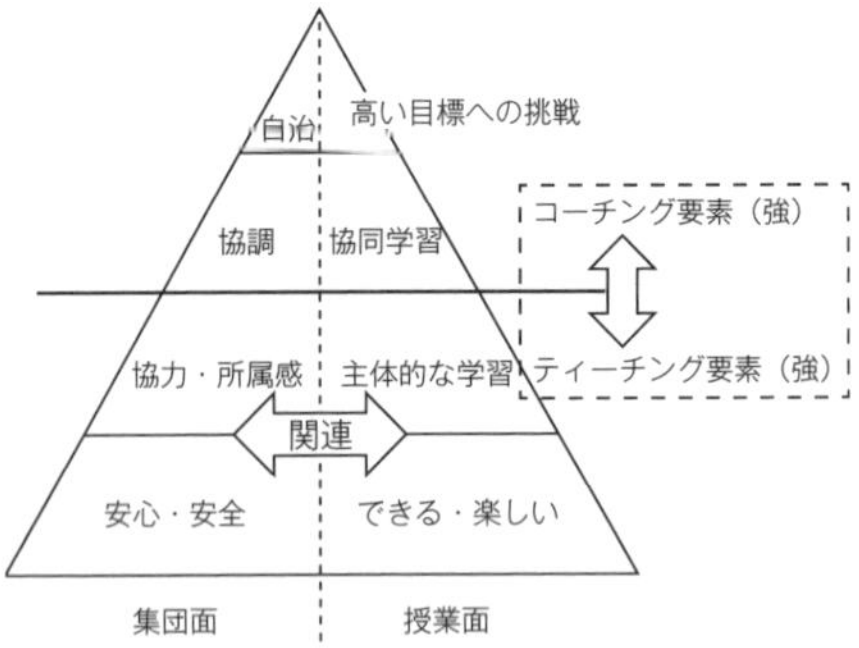

自治　高い目標への挑戦
協調　協同学習
協力・所属感　主体的な学習
関連
安心・安全　できる・楽しい
集団面　授業面
コーチング要素（強）
ティーチング要素（強）

「できる・楽しい」授業で、認識の飛躍を促し、深い学びができるようにします。すると、学習に対して知的に楽しいと思えます。意欲的に学ぶと、知識や技能の習得も進みます。知識や技能が豊富になると、見えてくることが増えます。

その結果、疑問も増えます。そして、「学び方」を学ぶからこそ、その疑問に対して、主体性をもって１人で学ぶことができます。主体性をもって学ぶから、さらに知識と技能が身につきます。同時に、「学び方」も身につきます。

やがて仲間と協働し、対話しながら学習を進める「協同学習」ができるようになります。自信もより高まります。物怖じせずに「高い目標への挑戦」ができるようになるのです。

ピラミッドの**上下の各階層が相互的な関係であり、因果関係にもなっている**のです。

なお、ピラミッドの左半分は、学級経営における**「集団の成長段階」**を示しています。

「安心して仲間と過ごせる」「仲間から認められ自信が高まる」「友だちのがんばりを認められる」「仲間を信頼し協調できる」といった要素が高まるからこそ、「主体的な学習」や「協同学習」、「高い目標への挑戦」などのレベルの高い学びが実現可能になるのです。

自信や友だちへの信頼などは、集団における関係性の中で特にはぐくまれるものです。

だからこそ、ピラミッドの左側の「集団面」の要素も、重要なものとして意識しておく必要があります。なお、**左右の各階層もまた、それぞれの階層に相互的な関係があり、しかも、因果関係になって積み重なっています。**

また、ピラミッドの真ん中から下の指導は、「ティーチング」に比重が置かれ、真ん中から上は徐々に「コーチング」に比重が置かれるようになります。私たち教師は、この学級経営ピラミッドのような、**授業（学習）の発展段階**を理解しておく必要があるのです。

14 教師にとってのカギは、学びの過程で行うべき「指導方略」

≫「指導方略」とは

「できる・楽しい」授業が、どのような授業なのかは理解できたとします。さらに、学習者がどのようにして「できる」ようになっていくのかという左のような過程も理解できたとします。

① 「その物事自体に関する知識」を理解する段階
② 「知識と知識の関係」を理解する段階
③ 「知識をどう使えばよいのか（手続きや方略）の知識」を理解する段階
④ 「抽象度の高い知識」を理解する段階

では、「できる・楽しい」授業を、すぐにつくることはできるのでしょうか。

答えは、否です。

なぜなら、授業をつくるには、教師の**「指導方略」**に関する知識が必要となるからです。

すなわち、「どういう『授業内容・教材』を選択し、どういう『授業技術』を取り入れ、どういう『授業展開』で教え、どういう『システム・形態』を採用するのか」といったように、**「この資質・能力を育てる場面では、どういう『授業方法』を採用するのが定石なのか」に関する知識が必要**なのです。

平たく言えば、「指導方略」（「教授方略」とも呼ばれる）とは、「この目標でこの実態のときには、この授業方法を採用するのが定石だ」という**「方針に関する知識」**を意味します。


ここで、知識の習得に関する「指導方略」の例をあげていくことにします。
①の「その物事自体に関する知識」は、教師主導で教えるのが定石です。基本的な事例から、徐々に複雑な事例を教え、概念を理解させます。**基礎・基本は、積極的に教えたらよい**のです。

②の「知識と知識の関係」や、③の「知識をどう使えばよいのか（手続きや方略）の知識」に関しても、教師が教えなくてはなりません。ただし、どちらも教師が説明するだけでは理解しにくいことです。そこで、できるだけ子どもに考えさせる場面を用意しなくてはなりません。つまり、**可能な限り子どもに問題解決に取り組ませ、その過程の中で理解させる**のです。

そして、③の「知識をどう使えばよいのかの知識」は、②「知識と知識の関係」の理解よりも、難易度が高まります。これは、熟達者がもっている知識であり、子どもは急に熟達者のように、知識をいつ、なぜ、どうやって使ったらよいのかがわかるわけではありません。

そこで例えば、**「教師がやってみせる」**という「指導方略」があります。やってみせながら、「どうしてこの知識を使おうとしたのか」を、口に出して説明していくのです。

これは受験指導などでもよくみられるやり方です。受験生に力学などの問題の解き方を教える際、熟達者である教師が、頭の中の考えを説明しながら解いてみせるのです。効果抜群です。

①から③へと理解が深まると、やがて、④の「抽象度の高い知識」にまで到達できます。

こうなると、教師は「この教科の本質は何か」「この教科を学ぶ意義は何か」「この教科は何をどう研究していくものなのか」など、一段上から理解させる指導をしていけばよいのです。

ここで「指導方略」に関する知識について大まかに整理すると、次のようになります。

---

①は教師が積極的に教える。

②と③はできるだけ問題解決の過程を通して理解させる。ただし、③は教師が「やってみせる」ことも意識する。

④は一段上からの理解を促す。

これが、「指導方略」に関する知識になります。つまり、「この資質・能力を育てるためには、定石として、このような方針をとるとよい」という知識です。

もちろんこれは、数ある「指導方略」の例の１つに過ぎません。内容や実態によっては、別の「指導方略」を採用しなくてはなりません。しかし、**１つでも「指導方略」を知れば、授業を一からつくるときの大きな参考になります。**

私たち教師は、学習者の学びの過程を知っているだけでは授業をつくれませんし、授業を進めることもできません。「指導方略」の知識があるからこそ、「このように授業をつくればよい」「このように授業を進めたらよい」とわかるのです。

教師は、学びの過程で行うべき「指導方略」をも知っておかないといけないのです。

様々な「指導方略」を知る

さて、「できる・楽しい」授業で知識を教える場合にだけ「指導方略」があるのではありません。技能や態度、思考力の育成にも、効果的な「指導方略」があります。

「複雑な運動は、細かなステップに分け、ステップごとに練習を行うべきだ」

「主体的な学習態度を養うには、子どもの発見を優先して授業で取り扱うべきだ」

「思考力の育成のためには、どう思考したらよいのかの『学び方』を示すべきだ」

前章で示した「授業方法」は、具体的な「戦術 tactics」の意味合いが強いものでした。

しかし、「指導方略」は**「戦略 strategy」**の意味合いが強くなります。**つまり、「授業方法をいつ、なぜ、どのように使えばよいのか」の理解であり、一段上の理解なのです。**

「指導方略」は**「定石」**です。

「定石」の例をいくつか知っておかないと、授業をどうつくり、どう進めていいのかがわかりません。思いつきの我流になってしまうのです。

例えば、理科における学びの過程は、次のようなものになります。

①自然に触れる中で問題を見つける　②予想・仮説を考える

③解決の方法を考える　④実験して考察する

この学びの過程を、大学や研修会で学んだと答える教師は数多くいます。ところが、これを知っているだけでは、授業をつくることも進めることもできません。

大切なのは、学びの過程で行うべき「指導方略」を知ることなのです。

拙著『ＷＨＹでわかる！　ＨＯＷでできる！　理科の授業Ｑ＆Ａ』（明治図書）で、次ページの図を示しました。これは理科授業をつくるうえでの「指導方略」を学びの過程に合わせて示したものです。

「この学びの過程で、この場合は、このような授業方法を採用すべき」と記しています。

この図の意味を理解すれば、理科の授業をつくることが簡単にできます。

ところが、このたった1つの図を説明するのに、書籍1冊分の説明を必要としました。

授業方法をいつ、なぜ、どのように使えばよいのかを知るのは、多くの知識を必要とする

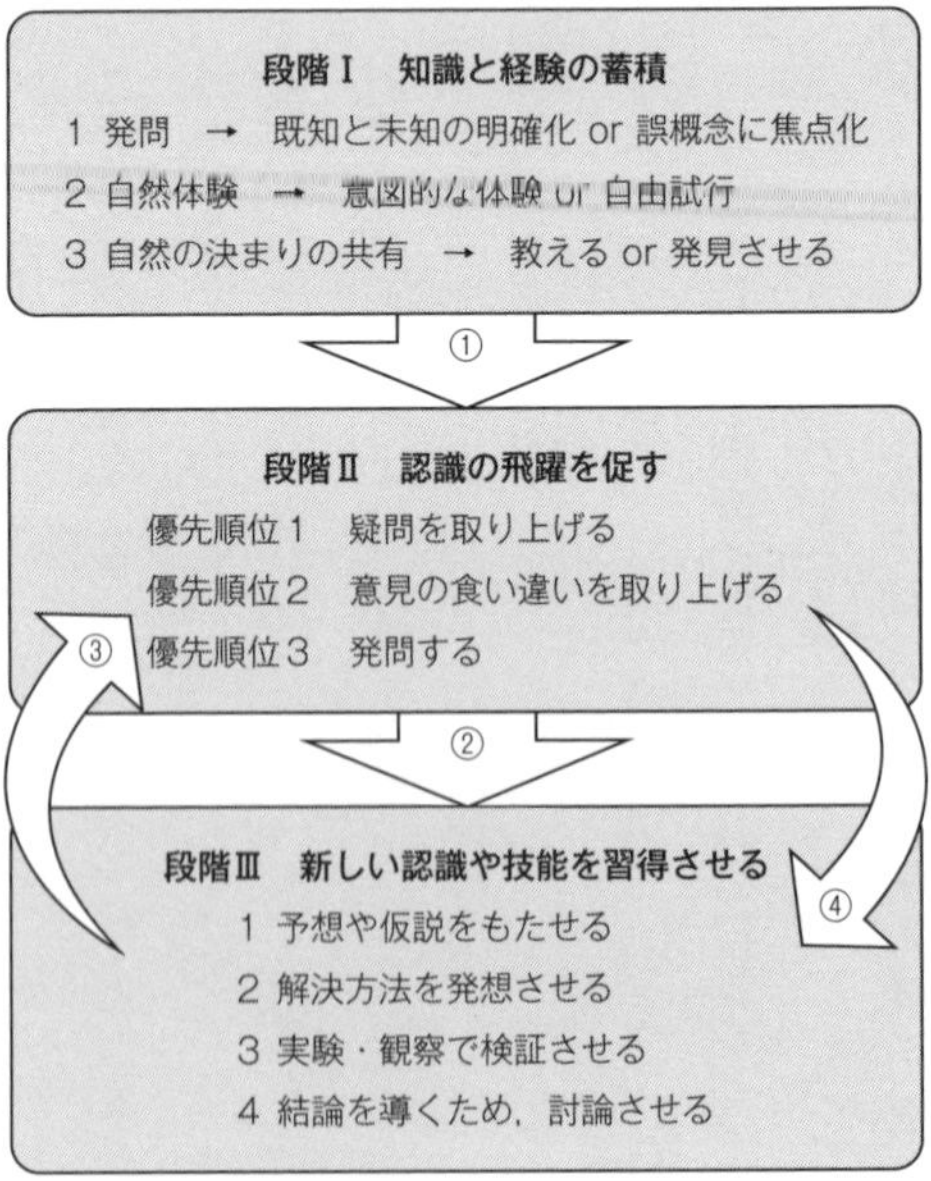

段階Ⅰ　知識と経験の蓄積

1 発問 → 既知と未知の明確化 or 誤概念に焦点化
2 自然体験 → 意図的な体験 or 自由試行
3 自然の決まりの共有 → 教える or 発見させる

①

段階Ⅱ　認識の飛躍を促す

優先順位1　疑問を取り上げる
優先順位2　意見の食い違いを取り上げる
優先順位3　発問する

② ③ ④

段階Ⅲ　新しい認識や技能を習得させる

1 予想や仮説をもたせる
2 解決方法を発想させる
3 実験・観察で検証させる
4 結論を導くため，討論させる

からです。しかし、先行実践を調べ、「この場面で、この授業方法を採用すると、効果的だった」という「指導方略」の例を知っておくと、いくらでも応用可能になります。

また、**「指導方略」をたった1つでも意識しておくだけで、授業は劇的に変わります**。「現在の理解を土台として理解を深めるため、最初に子どもの認識を確認しよう」「仲間と共に知識をつくる力をつけるため、話し合いの場面を用意しよう」などと1つでも毎時間意識するだけで、1年後の子どもの学力には天と地ほどの差が生まれます。

本書では、「この場面でこの授業方法を」という「指導方略」も細かに解説しています。**具体的な「授業方法」だけでなく、「指導方略」（定石）をも読み取ってほしい**のです。

第3章

本当は大切だけど、
誰も教えてくれない

[認識の飛躍を促す深い学び]8のこと

15 よい授業は、認識の飛躍を促している

》国語の物語の読み取り

4年生の国語「一つの花」（今西祐行）の最後の場面で問います。

「10年後のゆみ子は幸せですか」

子どもの意見は、「幸せだ」「いや不幸だ」と、真反対に分かれます。

意見が分かれるのには理由があります。最後の場面に、楽しそうな言葉がたくさん出てくるからです。「コスモスのトンネル」「買い物かご」「スキップ」「高い声」「お昼を作る日」などです。そのため、「これまでは不幸だったけど、最後の場面では幸せなのだ」という意見が多くなるのです。

ただし、「幸せだ」と主張する子も、幸せの度合いは人によってバラバラです。

「普通に暮らせる幸せを手に入れた」という意見もあれば、「戦争のころに比べると相対的に幸せになったに過ぎない」という意見も出されます。

そこで、どの解釈が正しいのか、討論を行います。

討論ですから、相手を説得する根拠が必要になります。もう一度言葉や文章を吟味しなくてはなりません。子どもたちは必死になって物語に向き合います。

教室は熱気に包まれ、話し合いはヒートアップしていきます。ところが、決定的な根拠がなかなか見つかりません。話し合いは紛糾し、煮詰まってきます。

そこで教師が、1つの文に注目させます。

「でも、今、ゆみ子のとんとんぶきの小さな家は、コスモスの花でいっぱいに包まれています」

この文のどこに注目させるのでしょうか。子どもたちは、「コスモスの花でいっぱい」は読めています。自然とそこには注目しているのです。

ところが、「とんとんぶきの小さな家」を読めている子は皆無です。素通りしてしまっているのです。「とんとんぶきの小さな家」とは、粗末なバラック小屋の意味です。つまり、空襲などで家を焼け出されたことが類推できます。

すると、急に場面の雰囲気が変わってきます。「戦争で大切な人やものを失ったけど、コスモスの花だけはいっぱいに増えたのだ」と。

このことに気づいても、意見を変えない子もいます。「ゆみ子自身は幸せだと感じているに違いない」と主張して譲らないのです。しかし、その主張を繰り返し行っているうちに気づいてきます。「ゆみ子は、普通の幸せすら知らないのではないか」と。

この討論は白熱したものになります。無論、「幸せ」とは「相対的なもの」であり、「主観的なもの」です。人によって感じ方が違うのですから、決着はつかなくてかまいません。

しかし、この討論を通すことで、子どもの認識を飛躍させることができました。「もうだいたいの文章の意味はつかんだよ。わかった、わかった」と思っていたのに、**「あれっ、どうなのかな？」と熟考を求められたから**です。

そして、再度物語を検討し、深く読み取ることができたのです。言葉や文章を手がかりに類推すると、はじめて見えてくるものがあり、思いもしなかった考えに変わったのです。

つまり、「言葉や文章を吟味し、類推することで、解釈する」ことができたのです。

しかも、これで終わりではありません。物語の表現の工夫も教えることができます。

最後の場面だけ、他の場面とは雰囲気が異なります。これは、「対比」を使った表現方法です。楽しそうな言葉が多かったのは、不幸な状況を際立たせるためでもあったのです。楽しそうな言葉は、不幸を隠す効果を発揮していました。しかし、反対に、戦争中の不幸や、戦争がもとになった現在の不幸を強調する効果を発揮していたのです。

こんなふうに、深く文章を読めただけでなく、文章表現の工夫という一段上の理解にもつながりました。

「見えなかったものが見えるようになった」（盲点への気づき）
「より深い解釈をすることができた」（深い理解）
「物語の書き方の工夫を学ぶことができた」（一段上の視点での理解）

これらはすべて、認識の飛躍です。**学習者の現在の理解や知識の構造が、より高い次元へと変化した**のです。単に、「書かれた文章の意味をつかむ」学びよりも深い学びになっています。**「深い学び」を実現するには、認識の飛躍を促すことが必要**なのです。

なお、この授業では、「言葉や文章を吟味し、類推すれば読解は深まる」「対比を意識して読む」といった学び方も教えることができます。これは、「学び方を学ぶ」というカテゴリーが別の学びになります。

16 教師が自身の「論理・考え方・見方」を、自覚する必要がある

熟達者の「論理・考え方・見方」

手回し発電機は、小学校の理科で使用するおなじみのものです。

手回し発電機で豆電球の明かりをつけます。豆電球は1つでも、まずまずの手応え（肉体的な抵抗）があります。

今度は、豆電球でなく、抵抗の大きな割り箸をつなぎます。

木でできた割り箸は、「電気抵抗」が大きいため、電気はほぼ流れません。

さて、抵抗の大きな割り箸をつないだとき、手回し発電機の手応えはどうなるでしょうか。

電気抵抗が大きいのだから、手回し発電器を回す手応えも大きくなると考えがちです。

事実、高校生でも多くが間違えます。

答えは、肉体的な手応えはほとんどありません。ハンドルは軽い力で回ります。

これと反対の場合を考えます。今度は、電気抵抗の小さな導線をつないでみます。

この場合はどうでしょうか。電気抵抗が小さいのですから、肉体的な抵抗も小さいと考えるのは間違いです。今度は、肉体的抵抗は大きくなります。ハンドルが重くなるのです。

これはいったいどういうことでしょうか。

簡単に言えば、電流がほぼ流れない（電気抵抗が大きい）場合は、手回し発電器の中の電気も発生していません。よって仕事をしなくて済むので、肉体的な抵抗も小さいのです。

反対に、電流がたくさん流れる（電気抵抗が小さい）場合は、手回し発電機の電気が大量につくられます。電気がつくられると、それと反発する磁力も生まれます。電流が大きくなる分、反発する磁力に逆らって多くの仕事をすることになるので、肉体的な手応えが大きくなるのです。

この理科の問題は、様々なことを知らせてくれます。

まず、「電気抵抗」と「肉体的な抵抗」が同じようなものだと、多くの学習者は、**「共通した勘違い」**をもっていることです。

また、手回し発電機の原理と、電気と磁力の理論（レンツの法則・フレミング右手・左手の法則）をきちんと理解していないと、この問題は解けないということです。

フレミング右手の法則は、「磁場で導体を動かすと、どの方向に電流が流れるか」がわかります。つまり、動かすという力を、電気に変換するので、「発電機」の原理になっています。

フレミング左手の法則は、「磁界で電流を流すと、電流は、どの方向に磁界から力を受けるか」がわかります。つまり、電気を力に変換しているので、「モーター」の原理になっているのです。

手回し発電機に、フレミング右手の法則で電流が発生したとします。すると、フレミング左手の法則が働いて、動かした力の向きと逆向きに磁界から力を受けます。要するに、作用・反作用のようになっていて、発生する電流が大きいほど、肉体的な手応えも大きくなるのです。

このように、フレミング右手・左手の法則の関係、レンツの法則、手回し発電機の原理の理解が必要なので、手回し発電機の肉体的な手応えの問題はなかなか難しいのです。

肉体的な手応えとひと口に言っても、それは、多くの情報量が含まれる**「大きな知識」**

に相当するわけです。

この「大きな知識」を理解するには、一つひとつを教えていくしかありません。

それぞれの知識がどう関係しているのかを、科学者や理科教師は知っているはずです。

そして、問題をどう捉え、どう考えるのかの**「論理・考え方・見方」**（手続きや方略に関する知識）も、熟達者特有のものをもっているはずなのです。

一つひとつの知識の理解なら、学習者1人であっても何とかできるかもしれません。

ところが、**それぞれの知識がどう関係しているのかを学ぶのは自力では困難で、初学者が何人集まっても同じ**です。知識と知識の関係を学ぶのはそれだけ困難なのです。

まして、**熟達者がどう考えているのかの「論理・考え方・見方」は、さらに学ぶのが困難**です。熟達者（例えば科学者）ですら、自分で自分がどう考えているのか自覚していないことがあるぐらいです。

だからこそ、教師の出番なのです。

フレミングの右手と左手、レンツの法則、発電機とモーターの原理が、いったいどうかかわっているのか、**知識と知識の関係を教える授業を考えなくてはなりません**。

また、どのような「論理・考え方・見方」をすればよいのか、つまり、「知識をどう使えばよいのか（手続きや方略）の知識」をも教えなくてはならないのです。

このように、一つひとつの知識を理解させるだけでなく、さらに上の段階へと、認識を飛躍させるように授業をつくらないといけないのです。

そして最終的に、「抽象度の高い知識」が理解でき、俯瞰的に見る目が養われるのです。

》教師自身がどう考えているのかを自覚する

つまり、科学の熟達者であるはずの教師が、熟達者である自分は、どういう考え方をしているのかを認知し、その熟達者の「論理・考え方・見方」を教えていかないといけないのです。これは、教師にしかできない、難しいことです。

例えば、「エネルギーの保存則」から、「手回し発電機で多くの電気が流れた方が、消費電力が大きい分、仕事をたくさんしなくてはならなくなる」と教えてもよいでしょう。

豆電球（抵抗）の直列回路の方が手応えが大きいのか、それとも、豆電球の並列回路の方が手応えが大きいのかを確かめさせてもよいでしょう。抵抗の並列回路の方が、全体としての抵抗は少なくなるので、たくさんの電気が流れ、肉体的な手応えは大きくなります。

家庭の電気の配線は、並列回路だと教えてもよいでしょう。

熟達者は、初学者よりも高い抽象度で学習内容を俯瞰で見ているはずです。

理科の「岩石の分類」を例にあげます。初学者は、岩石表面の目立つ色、形、模様を見ます。その結果、石英脈や風化に注目してしまうので、なかなか分類できません。

熟達者は、まず岩石を割ります。風化していない面を観察し、粒(鉱物)の形、大きさと種類を見ます。自形か他形か、石英の量、ガーネットなど変成岩に特徴的な鉱物の有無、粒の大きさが一定かなどを見るのです。そして、火成岩か、堆積岩か変成岩かを判断します。また、その地域の地質や歴史も考えます。熟達者には多くの知識があり、しかも「岩石の種類は鉱物の種類と量で決まる」と俯瞰で見ることができています。

このような熟達者を、急には育てられません。

これは、国語の読解でも、算数の問題の解き方、社会科の歴史学習でも、何であっても同じです。熟達者の「論理・考え方・見方」を、急には育成できません。

大切なのは、熟達者自身が「こう考えている」という「論理・考え方・見方」を自覚することです。教師も熟達者のはずです。教師自身が、どのような「論理・考え方・見方」をしているのかを自覚する必要があるのです。そして、熟達者の「論理・考え方・見方」を育てるよう、計画的に教えようと意識しないといけないのです。

17 子どもが間違えそうな状況が、認識の飛躍を促す

≫ 授業は意図的につくる

小学5年の算数では、平均を学習します。

例えば、「おやつのクッキーを、3人に、2個、5個、8個に分けました。1人平均何個になりますか」といった問題を扱います。

1時間目に、「平均とはならすこと」を学習します。問題を解くと理解が進みます。「平均とは、1人あたりの数を平等にすることなのだな」と子どもは理解します。

また、「ならす」ことを、実際の体験でも学ばせます。ジュースなどの液体で、実際にならしてみせるのです。

このように、教師が教えながら、知識・体験を蓄積させます。すると子どもたちは「あ

る程度わかった」状態になります。

さて、深い理解に至るには、ここからの授業が大切になります。

認識の飛躍を促し、「深く理解できた」状態にしなくてはなりません。

今度は、あえて0の入る平均を考えさせます。

おやつのアメを月曜日から金曜日までに、1日平均何個食べたかを考えます。
月曜日…7個　火曜日…5個　水曜日…4個
木曜日…0個　金曜日…8個
1日平均何個食べたと言えますか。

子どもたちは、「0」の曜日を入れるかどうかで悩みます。

つまり、合計24÷5になるのか。それとも、24÷4になるのかで悩むのです。

もちろん、24÷4は間違っています。

ところが、24÷4はわりきれるので、こちらが正しいと思ってしまう子どもがいます。

本当にはわかっていなかった子が、ここで軒並み間違えます。

この問題には、教師の次のような意図が含まれています。

①あえて０個の曜日を入れる。
②あえて間違いの式がわりきれるようにする。

子どもたちに話し合わせます。÷５が正しいのか、÷４が正しいのか、です。
このように、**話し合う内容は焦点化しておくことが大切**です。
さて、月曜日から金曜日までですから、÷５が正しいことを押さえます。
ここでさらに、教師が発問します。

24÷５＝4.8で、答えは４・８個が正しいのか。
24÷５＝４あまり４で、答えは４あまり４個が正しいのか。

どちらが正しいのかを討論させます。どちらでもよいと答える子が多くいます。
式だけ見れば正しいからです。

しかし、答えが4あまり4個でよいのでしょうか。1日平均、4あまり4個食べたと言ってよいのでしょうか。5年生でもこれは迷いますが、うまく説明できません。

しかし、話し合っているうちに気づきます。「1日平均4あまり4個だと、食べている量が多過ぎておかしい。8個も食べていることになる」と。

だから、気持ち悪いけれど、小数で表現した方がよいのだとわかります。

認識を飛躍させるチャンスをつくる

この授業を通して、平均に関しての認識を飛躍させることができました。

「0個の日があっても、わる数に含めないと平均にならない」

「平均とはならした量のことなので、あまりをそのまま放っておいてはだめ」

「平均を求める際のわり算は、『ならしますよ』の意味のわり算である」

最後には、「なぜわり算を平均で使うのか」という、わり算の意味までわかったのです。

かなり抽象度の高い知識の理解まで進みました。

この授業では、深い理解を促すための、教師の意図的な手立てが入っています。

子どもが間違えそうな状況をお膳立てしたうえで、討論をさせる。

さらに、もう1つポイントがあります。

あまりのあるわり算でよいのか、平均の意味の根本を問う発問を入れる。

この授業では、教師が「話し合いなさい」と指示しなくても討論が始まります。発問によって意見が分かれるので、自然と意見の交流が始まるのです。

教師の意図的なお膳立てがあったからこそ、教師が一歩引いて、子どもが自分で何とか考えたいという主体性が生まれたと言えます。

さらにこの授業では、最後に、より極端な例も見せます（「子どもがわからなくなったら、より極端な例を示せ」、というのは古典的な定石であり授業技術ですが、これが十分継承されていないことは、現代の教育の大きな問題の1つと言えます）。

「Bさんは5日間で次のようにアメを食べました。1日平均何個食べたと言えますか」

月曜日…0個　火曜日…0個　水曜日…0個
木曜日…10個　金曜日…0個

今度は木曜日だけたくさん食べています。

「先生はこうだと思うな」と言いながら、「10個÷1日＝10個　答え1日平均10個食べた」と書きます。すると、子どもたちは口々に言います。

「おかしい！」「違う違う！」「これだと毎日10個食べたことになる。食べ過ぎだ！」ここまで極端にやって、ようやく「ああそういうことか」とわかる子が必ずいます。

わかっていた子も、より深く理解できます。

この授業では、子ども同士の対話が数多く取り入れられています。対話が必要なのは、子どもには子どもの認知の仕方があり、子どもの理解の筋道があるからです。そのため、**教師との「縦の対話」だけでなく、子ども同士の「横の対話」が、効果を発揮する**のです。

しかし、話し合いだけで学習は成立しません。**意図的に意見が分かれる問題や発問を用意していたからこそ、子どもは認識の飛躍を促され、理解が深まった**のです。

18 図や式をはじめに見せるのは、授業力の低い教師

》学問に近道はない

熟達者のもつ「論理・考え方・見方」（手続きや方略の知識）を、初学者に習得させることは、簡単にはできません。熟達者に特有の、知識の捉え方、問題の捉え方、問題の解き方があるからです。より高度な内容になるため、簡単には習得できないのです。

このことを、知識の捉え方を例に、考えてみます。

熟達者は抽象度の高い理解をしています。つまり、知識を俯瞰で捉えているのです。

前章でも述べた通り、抽象度の高い知識の理解は、学び続けて最後の最後に訪れるものです。初学者が急にできることではありません。

具体を通して「その物事自体に関する知識」を理解し、「知識と知識の関係」がわかり、

「知識をどう使えばよいのかの知識」も理解し、知識を自分なりにかみ砕いて解釈できるようになり、まさに「熟達」して、はじめて最後に訪れる理解なのです。

「熟達者の理解がゴールなのだから、学習の最初の段階で、熟達者の理解の仕方を教えたらよい」という主張を聞くことがあります。しかしこれは、実現困難であることが多いのです。初学者（児童・生徒・大人でも）は、急には熟達者になれないからです。「学問に王道なし」と言いますが、まさに学問に近道はないのです。

ところが、算数の教科書では、熟達者の理解や解き方を先に示しているものがあります。例えば、「図を使って考えましょう」という問題です。

確かに、熟達者は図を使って考えているかもしれません。線分図や、関係図、様々な図を使って考えることもあるでしょう。しかし、問題の解き方も知らない初学者が、最初から図で考えられるでしょうか。

初学者は、図の意味を理解するだけで精一杯です。中には、問題の意味を理解するので手一杯の子もいます。そんな中、図を使って考えさせるのは酷というものです。

例えば、小学3年で、次のような問題が出てきます。

「おもちゃの飛行機をゴムで飛ばしました。赤い飛行機は3m飛びました。白は赤の2

倍飛びました。青は白の4倍飛びました。さて、青い飛行機は何m飛びましたか」

答えは、3m×2倍＝6m、6m×4倍で、24mとなります。

順番に考えたらすぐに解くことができます。

これを別のやり方で解くこともできます。全体としてみれば2倍×4倍の8倍になるので、3m×8倍として解く方法です。この方法はここではじめて学習します。

どちらのやり方でも正解です。

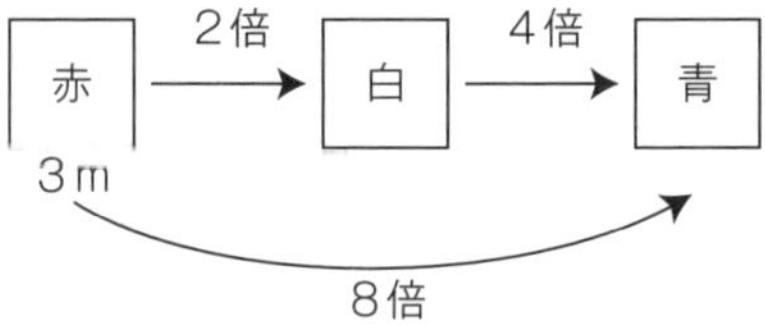

赤 →2倍→ 白 →4倍→ 青
3m
8倍

ところが、問題を解かせる前に、「図をかいて考えましょう」と、図を先にかかせる教科書があるのです。

また、図をかかせるのではなく、最初から図を示す教科書もあります。

3年生の子どもたちは、「図をかきなさい」と言われてもかけません。

さらに、教科書の図を最初に見せても、何のことかわからず、混乱します。

つまり、**問題の意味や式、答えがわかっていない段階で、図を考えさせたり、図の意味を考えさせたりすることで、問題の意味が余計にわからなくなる**のです。これでは本末転倒です。

22 初学者の「論理・考え方・見方」に合わせる

したがって、熟達者の「論理・考え方・見方」に合わせて授業を展開するのではなく、初学者の「論理・考え方・見方」に合わせて授業を展開する必要があります。

まず問題文を教師が読み、子どもにも読ませます。そのうえで問題文の内容を尋ねます。「どんな問題でしたか」と尋ねると、「赤が3m飛んだんだね」「白は、赤よりも2倍飛んだよ」などと子どもは答えます。このように、**内容を一つひとつ読み取らせます**。

続いて、飛行機の絵を提示します。「赤は3m飛びました」と飛行機を動かして見せます。さらに、「白は赤の2倍も進んだんだね」と言いながら、絵を動かします。

そして、「青は白の4倍も進んだんだ！」と声を大きくして絵を動かします。

子どもたちは、「なるほど、解けそうだ」「青はたくさん飛んだんだ」などと口々に言います。「そういうことか」「問題の意味がわかった！」とつぶやく子もいます。

こうして、**具体で示しておいて、徐々に、図などの抽象的な内容に入ればよい**のです。

さて、「2倍と4倍だから、8倍になっている」ことは、ここではじめて学習します。そのため、子どもにとって難しい内容になります。

そこで、全員がすでに学習している知識を使って問題を解かせます。「順番にかけ算をして解いてみましょう」と指示します。24ｍと答えが出ました。

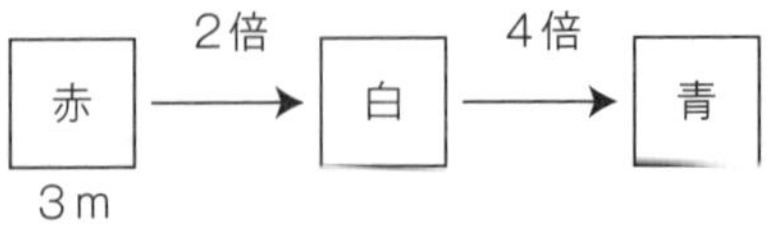

　式と答えが明らかになった後、はじめて上図を示します。「この図の意味を説明してください」と投げかけ、ペアで図の意味を説明し合わせます。全体の場でも発表させます。図は、子どもにとって抽象度が高いですが、飛行機同士の関係や答えがわかっているので、意味を読み取ることができます。

　さて、子どもにとって最も難しいのは、「2倍と4倍で、全体としてみると、8倍になっている」という考え方です。ここで必ずつまずく子がいます。「2倍と4倍で、合計して6倍になる」と考える子がいるのです。

　また理解の浅い子は、かけ算を3ｍ×8倍ではなく、8倍×3ｍとしています。勘違いする子、理解が浅い子、様々な子がいるのです。

赤 —2倍→ 白 —4倍→ 青
3ｍ

　そこで、教師の発問によって、重要な内容を焦点化していきます。

「全体を眺めると、2倍と4倍になっていますね。これは、合わせると6倍がいいでしょうか。8倍がいいでしょうか」

　このように、**焦点化し、大切なポイントに限定して思考させる**のです。すると子どもは

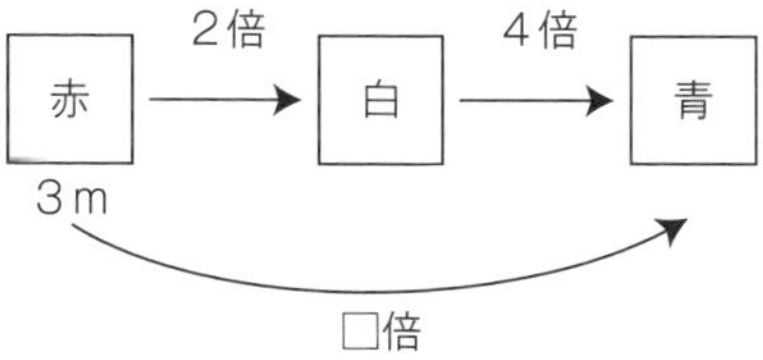

赤 →(2倍)→ 白 →(4倍)→ 青
3m
□倍

深く考えることができます。まわりと相談させてもよいでしょう。

「8倍になるのが当たり前だ」と自信満々の子には、「8倍になる理由を考えてみましょう」と指示します。すると、他の問題に置き換えたり、6倍だと何がいけないのかを考えたりしないといけません。塾で解き方だけ教わり、機械的に計算していた子も、もう一度考え直すのです。「そもそも、なぜ8倍にしていたのだろう」と。

大切なのは、**図を用いて考えられるのは最後の最後**ということです。熟達者にしかできないのです。教科書通り先に図で考えさせると混乱が生じ、できない子が出ます。だから、子どもにとって抽象度の高い理解は後回しにして、あせらずに具体からかけ算の意味を教えていくべきなのです。

これは高校の物理でもまったく同じです。動摩擦力や静止摩擦力などを学習するときに、いきなり式を見せるのは、授業力の低い教師です。

授業力の高い教師は必ず具体を示し（例えば、箱を平面に置いて、人形が押している様子を示すなど）、それを見せながら、「ものが運動しているときには、設置している面と摩擦が働いて反対側に力が働くよね。これを『動摩擦力』と呼ぶんだ」と説明するのです。

19 習得、活用、探究の過程を通して、認識の飛躍が起こる

》「習得、活用、探究」の過程を順番に通す

認識の飛躍を伴う「深い学び」に至るには、まず、「わかった」状態をつくらなくてはいけません。

しかも、抽象的な知識（俯瞰で見るような一段上の知識）から教えるのではなく、具体的で、初学者にわかりやすい知識から教える必要があります。

このことを、理科の「熱平衡、熱伝導」の授業で考えてみます。

まず、熱平衡に関して、具体を通して、繰り返し教えることから始めます。

①瓶に入れたスープが熱くて飲めないため、瓶を水槽の水の中に入れて冷やす。しばらくすると、瓶の中のスープと、水槽の水の温度は同じになる。

②瓶のスープに直接冷水を入れても、全体は同じ温度になる。
③教室にあるアルミニウム板や発泡スチロール、ゴム、木の机などの表面を放射温度計で測定すると、表面温度は同じになっている。

具体例を通して、熱平衡の意味を教えました。温度の高いものと低いものが合わさると、その中間の温度になるわけです。空気中でも熱平衡が起きていることを教えました。具体を通した後は、「法則」（抽象的な知識）も教えます。すなわち、「温度の高い方から低い方へ熱が移動することで、熱平衡が起きる」ことを教えるのです。

続いて、「熱伝導」を教えます。
④教室に置いてあるアルミニウム板や発泡スチロール、ゴムなどに触ると、アルミニウム板だけ「冷たい」と感じる。
⑤湯の中に、鉄や発泡スチロール、アルミニウム板、木などを入れる。それぞれの物に触ってみると、温度が違う。
熱平衡によって表面温度が同じはずなのに、教室のものに手で触れると、冷たい・熱い

と感じることがあります。

これは、熱伝導のしやすさがものによって異なるからです。つまり、教室内で、熱伝導のしやすいものに触れることで、自分の手とそのものとで熱が移動し、冷たい・熱いと感じるわけです。

ここまで理解させた後で、最後に考えさせます。

⑥教室に置いていたアルミニウム板と、発泡スチロールの上に氷を置きます。溶ける速さはどうなるでしょう。

最後の問題は、熱平衡と熱伝導を両方扱う問題です。答えは、アルミニウム板の方が熱伝導しやすいため、教室の熱がより速く氷に伝わり、速く溶けます。

最初に、熱平衡と熱伝導に関する知識を教え、**「習得」**させました。

つまり、熱平衡と熱伝導の具体を通して、「法則」を教えたのです。

そして、最後の⑥の問題で、熱平衡と熱伝導に関する知識をどう使えばよいのかの**「活用」**の仕方を教えました。つまり、⑥は知識の活用を促す問題だったのです。

活用問題のよいところは、**「知識と知識の関係」、そして「知識をどう使えばよいのか」**

を教えることができるところです。

》「活用」と「探究」の各過程の取り入れ方

ここで、知識の「活用」には種類があることも意識しておきたいことです。

①似た状況の問題で活用できる（類似文脈の問題での活用）
②別の状況の問題で活用できる（別文脈の問題での活用）

①の「似た状況の問題」の例は、「アルミニウム板は冷たく感じた。では鉄板や銅板ではどうか」と考えさせるような問題です。同じように冷たく感じます。他にも、例えば発泡スチロールや木の板などは、触れるとどう感じるかを考えさせます。鉄と比べ、冷たく感じません。熱の伝わり方が違うので、感じ方が違うのです。

一方、②の「別の状況の問題」での活用は、難易度が高まります。これは、別の文脈から問う問題だからです。別文脈でも活用できれば、理解がかなり深いと言えます。

例えば、次の問題を出します。

「極寒の教室や、暑い南国の教室の場合、熱平衡はどうなるのか」

教室の温度が体温より低い場合は、鉄やアルミ板を触ると、冷たく感じます。それは、手の温度の方が高いので、手の熱が鉄やアルミ板の低い温度の方に移動して、熱平衡が起きたからです。発泡スチロールや木の板も熱平衡のため、手の熱が移動しようとしますが、熱伝導があまりないので、そこまで急に熱が移動せず、冷たくは感じないのです。

一方、暑い南国で、教室の温度が40度以上あったらどうでしょうか。この場合、反対のことが起きます。つまり、鉄やアルミ板を触ると熱く感じます。鉄やアルミ板の表面温度が熱平衡によって体温より温かくなっていますから、鉄やアルミ板の温度の高い方の熱が、温度の低い手に移動したからです。

他にも別文脈の問題として、「暑い夏の砂浜を裸足で走った場合と、冷たい冬に砂浜を裸足で走った場合、砂を踏んだ足は、どう感じるか」といったものも考えられます。

別文脈で知識を活用していると、知識をより一般化して理解できるようになります。

知識をより一般化して、抽象度を上げて俯瞰で見ることができるようになるのです。

つまり、「熱は温度の高い方から低い方へ移動し、熱平衡する」「ものによって熱伝導率は違う」という知識をより一般化して理解でき、活用できる力を養えたことになります。類似文脈の問題で活用を促すことは、よく行われています。しかし、別文脈の問題を出すことはあまり行われていないのです。

そして、「習得」「活用」を通した後は、「さらに調べたいことや疑問」を尋ねます。これが**「探究」**の学習活動につながります。

「熱平衡や熱伝導がどう生活に活かされているのか調べたい」

「室温が高い場合は氷が溶けるのはわかったが、室温が低い場合は、氷がどうなるのか調べたい」

「探究」は、「習得」「活用」を通し、より認識が深まった学習者にできることです。価値ある問いを設定でき、しかも、解決する方法も発想できるので、可能になるのです。疑問や調べたいことを探究すれば、さらに深い理解に到達させることができます。

つまり、**認識の飛躍を伴う「深い学び」に到達させるには、「習得、活用、探究」の学習を順番に通すことが大切**になるのです。

20

初学者には、価値ある問いの発想は難しい

なぜ発問が必要なのか

小学4年の理科では、四季の移り変わりや植物の観察をします。

よく行うのが、校庭の好きな木を選んでの観察です。1年間、同じ木を継続して観察します。スケッチも行います。触ってみたり、写真に撮ったりします。

1年後に尋ねます。「みんなの好きな木の葉脈はどんな形でしたか」「木の幹の模様はどんな模様でしたか」「木の葉は、木の内側にも外側にも万遍なくありましたか」

どの子も「わからない」と答えます。同じ木を1年間観察したのに、わからないのです。目では見えているのに、実は見えていないのです。

それは、「知らないことは見えない（意識に上がらない）」「重要でないことは見えない

（意識に上がらない）」からです。

何度観察しようが、1年経とうが、気づくことはありません。

だからこそ、学習内容に精通している教師が「気づかせる」視点を与えなくてはならないのです。その視点を与えるものが、教師の発問です。

また、知識や体験が、ある程度蓄積されないと、問いを立てることすらできません。相対性理論や量子論を知らない人が、それにかかわる問いを立てられないのと同じです。

例えば、次のように問われるとどうでしょうか。

「ブラックホールの未来や宇宙の未来について、問いを考えましょう」

「M理論について、問いを考えましょう」

当て推量で、いい加減な問いを考えることはできます。しかし、考える価値のある問いとなると、発想は難しくなります。

問いを立てる際、「ある仮説が、別の場合でも成り立つか」の「類推」を行うことがよくあります。すでに知っている法則が当てはまるかを予想するだけなので、類推は、比較的簡単にできるものです。「ニュートン力学が、ミクロな世界でも成り立つか」といったような類推です。

ところが、この類推ですら知識や体験の蓄積のない初学者には難しいのです。**問いを発想するには、その学問に関して、系統的に教えてもらい、深く学んでいる必要があるから**です。

教師の発問によって進める授業例

教師は、授業前に「大切な内容に気づかせたい」と思っていないといけません。大切な内容に気づかせるため、発問を用意しておくのです。そして、認識の飛躍を促すのです。

例えば、「国家」について教えるとします。

最初に、「国（国家）とは何ですか」と尋ねます。

子どもたちは、そんなことを考えたことすらありません。一様に首を傾げます。

エンゲルスの『家族・私有財産・国家の起源』（1884年初版）には、国家の三要素が載っています。「領土」「人民」「統治権・主権」です。

「国がなかったころ、縄文時代などは、何人ぐらいで生活していたのでしょうか」

生活できた最大人数は、100人ちょっとと言われています。縄文時代最大の三内丸山遺跡では、もう少し多かったという説もあります。

「日本という国ができたのはいつでしょうか」

建国の時期を示す明確な記録はなく、諸説ありますが、「クニ」という地域的なまとまりができるのは弥生時代になります。

「国が独占しているものがあります。何でしょうか」

あまり考えたことのない人が大半だと思います。これは、警察や軍などの「力」です。実は、多くの国家は、軍隊による制圧から始まっていることが多いのです。

「国は力を独占していますが、みんなを守ってくれています。みんなを守るために、税金を集め、よい暮らしができるように考える仕組みになっています」

「税金は、所得の何%ぐらい納めているのでしょうか」

社会保険料も合わせると、割合は高くなります。

「国は、立法権、行政権、司法権を独立させています。これはなぜでしょうか」

国家権力の乱用を防ぐために、法律をつくっているのです。法律は、国民を縛るものというよりは、国家が恣意的に権力を国民に振るわないよう、国民の側から国家権力を縛る意味合いがあるのです。

「ところで、国境に線は引かれていますか」「私たちが日本人という印はありますか」

どちらもありません。国家とは、想像の共同体なのです。

国民国家（ネーション・ステート）という概念があます。簡単に言えば、国家内部の人民を、その国の構成員として考えるという概念です。

明治維新の際に、国民は天皇の臣民であるとした天皇制も、国民国家の概念の1つです。

「政治とは何ですか」

ひと言で言えば、「国民の税金をどう使えば国民や国家のためによいのかを考えること」です。ここで問題となるのは、国民のために使うと、国民は喜びますが、国家のために使うことが必ずしも国民のためにならない場合もあることです。

例えば、軍事費を多くすると、生活支援に手が回らなくなる、といった具合です。

「国家が暴走しないために、国民は何ができますか」

選挙です。選挙によって、よい政治ができるようにし、よりよい国をつくっていく仕組みになっているのです。


さて、これは、「国（国家）とは何か」に関する授業です。選挙権が18歳と低くなった今、小学校でも教える内容です。

教師が発問するたび、国家への新しい視点が得られていくことがわかると思います。

しかも、だんだんと抽象的な知識の理解が深まるはずです。つまり、日本という国家を、一段高い視点から俯瞰で見られるようになるのです。「国家とはこういうものなのだ」という新しい認識が生まれ、これまで学んだ知識の関係がわかってくるのです。

単に一つひとつの事実や概念の意味を知っただけではありません。事実や概念の意味を思考し、自分のもつ知識の枠組みが発展し、自分なりの「国家観」（世界観）をもてるのです。このように、新しい視点を与え、思考させながら、一段上の俯瞰的な理解につなげていくのです。つまり、認識の飛躍を促すために、発問が必要なのです。

これらの発問を、子どもが自力でつくることができるでしょうか。何から学んでよいのかわからない初学者が、自分で問いをつくって自分で学べるでしょうか。

その分野や内容について精通している教師が、発問によって意図的に授業を展開しないと、「認識の飛躍」を促すことは困難なのです。


【引用・参考文献】

・『進化は万能である　人類・テクノロジー・宇宙の未来』マット・リドレー（著）、大田直子／鍛原多恵子／柴田裕之／吉田三知世（翻訳）、早川書房、2018

21 知らないものは、見えてこない

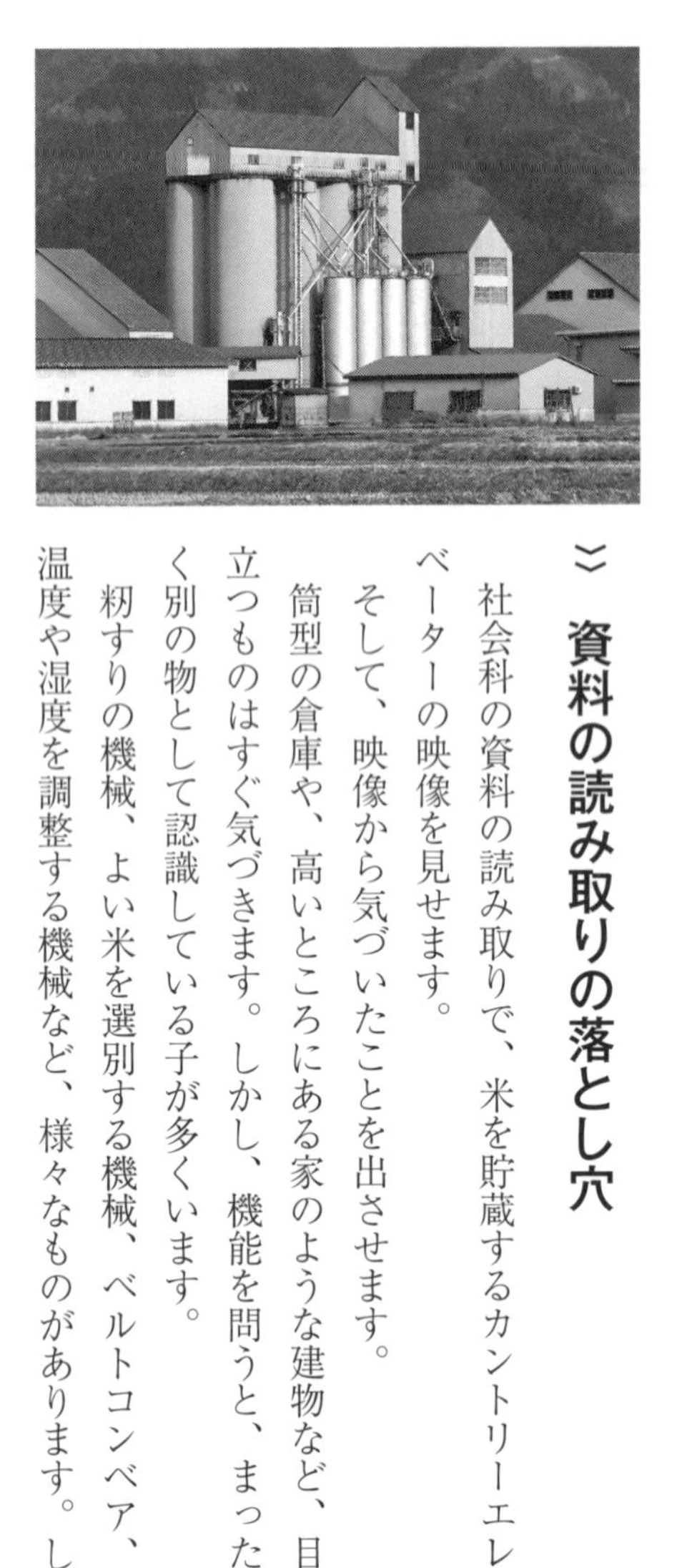

資料の読み取りの落とし穴

社会科の資料の読み取りで、米を貯蔵するカントリーエレベーターの映像を見せます。

そして、映像から気づいたことを出させます。

筒型の倉庫や、高いところにある家のような建物など、目立つものはすぐ気づきます。しかし、機能を問うと、まったく別の物として認識している子が多くいます。

籾すりの機械、よい米を選別する機械、ベルトコンベア、温度や湿度を調整する機械など、様々なものがあります。しかし、それらに気づかない子もいます。つまり、知らないものは見えないのです。あるいは、見えていても、別のものとして認識しているのです。

さらに、重要でないと思うものも見えていません。例えば、地面のアミです。農家が稲刈りをした籾を地面のアミの中に入れる（荷受けホッパー）ことから貯蔵はスタートします。ところが、地面のアミは見えていません。道路にある排水のアミと同じと思っているので、重要なものと考えないからです。重要でないものは子どもの意識に上がりません。

社会科では、写真だけでなく、絵の読み取りも行います。

参勤交代の絵や長篠の戦いの絵を示し、気づいたことを書かせます。

長篠の戦いの絵では、鉄砲が出てきます。鉄砲という存在を知っていれば、織田・徳川連合軍が、鉄砲で迎え撃っている姿が見えてきます。鉄砲の存在を知らないと、鉄砲は見えません。

このように、知らないものは見えません。

さらに、自分が重要でないと思うものも見えません。

例えば、織田・徳川連合軍が鉄砲で迎え撃っていることはわかっても、馬防柵や川、盛土は見えません。それが、武田軍の足止めの役割で、鉄砲を撃つまでの時間をかせぐために重要だと思っていないと、見えていても、頭で認識されないのです。

ちなみに、思い込みがあると、その思い込みに合致する情報が重要に感じますから、思い込みに合致する情報しか見えません。

長篠の戦いの絵で、馬に乗って戦っている武田軍の兵は少数です。騎馬武者がいたとしても、馬に乗ったまま戦っているとは限りません。

ところが、「武田軍といえば騎馬隊だ」と思い込んでいたら、その思い込みに合致する情報しか目に入ってきません。数少ない騎馬武者ばかりに目が行くのです。

さらに、合戦図によっては、武田軍に鉄砲が描かれているものがあります。これも、武田軍が騎馬隊で戦ったと思い込んでいたら、武田軍の鉄砲は目に入ってきません。思い込みに合致しない情報は、重要でないと思って、認識できないのです。

このように、ある情報を見せても、すべての情報が見えているかどうかは別の話なのです。人は知らないものは見えず、重要でないと思っているものも見えないのです。

どんな人でも、自分が重要だと思い込んでいる情報だけを選択して見ているのです。

≫ 意図的に知識・経験の蓄積をさせる意味

このことは、人はそれぞれ自分の知識や経験で知っていることを基にして、情報を認識していることを意味します。

どんな人にも、これまでの知識と経験で培ってきた「認知構造」（構造化された知識の枠組み）があります。この各自の認知構造を通して、情報を認識しているのです。

つまり、教師がある情報を教えてくれたからといって、すぐに理解できるのではなく、あくまで自分の中の知識や経験を基にして理解しているのです。

ということは、最初に知識と経験を蓄積するのも、意味があることがわかります。

それは、人によって知識と経験が違うからです。

そのため、認知構造も違っています。バラバラな認知構造をもった人に、ある問いを発したとしても、それが価値のある問いになるかどうかは、人によって異なるのです。

かつて、小学４年の理科の学習で、有名な発問がありました。

「木やじゃがいもは水に浮きますか」（木は浮き、じゃがいもは沈む）

「食塩水に入れると、沈むじゃがいもと浮くじゃがいもがあるのはなぜですか」

日常生活でじゃがいもを採取し、洗っていた時代には、この発問にも価値がありました。

しかし、今はどうでしょうか。「そもそもなぜ教師がこの発問をするのかわからない」という子がいるかもしれません。しかも、発問に答えるのも難しいのではないでしょうか。

この発問は、浮力について疑問をもたせるための発問です。

しかし、現代の子どもにも発問の機能が発揮されるとは限りません。発揮するとしたら、それは、じゃがいもを採取し洗った経験がある子どもでしょう。

つまり、**ある学習をするには、予備知識や予備体験が必要になる**のです。

何らかの現象や物事に対して、問題意識をもち、新しい知識を理解するには、そのための知識と経験の蓄積がある程度必要なのです。「ある程度」とは、新しい知識を理解でき、学習を進めることが可能な程度ということになります。

したがって、**どの子にもまずは学習に必要な認知構造をもってもらう必要がある**のです。

その学習に必要な知識と経験の蓄積があるからこそ、教師の発問にも意味を感じることができます。また、自分で問いや疑問、仮説を立てるようになるのです。

カントリーエレベーターの米を貯蔵する「サイロ」の形が筒状であることにも、子どもは注目しません。なぜ四角形ではないのでしょうか。それは、角があるとそこに米が残ってしまうからです。

認知構造によって、見ている対象から何の情報を認識して取り出すかを各自が選択しているのです。つまり、人によって見えているものは異なるのです。

だからこそ、「この学習に必要な知識と経験は何だろうか」と考えて、それを蓄積させることで、学習をしやすくするのです。**新しい知識を理解させたり、「認識の飛躍」を促したりするために、それに必要となる認知構造をあらかじめ活性化しておく**のです。

いわば、学習の方向づけを、教師こそが考えるのです。

長篠の戦いの絵なら、合戦で鉄砲を使うようになったことや、鉄砲は撃つまでに時間がかかるなど、必要な情報をまず教え、蓄積させておくのです。火縄銃に触れる体験をさせてもよいでしょう。そのうえで、絵を読み取らせます。

最初に知識と経験の蓄積があるからこそ、絵を読み取ることができました。そのうえで、「どちらが攻めてどちらが守っていますか」「守りやすい工夫はありますか」と発問し、さらに詳しく読み取らせていけばよいのです。

授業前に「この方向に学びをもっていきたい」と、まず教師は考えておきます。

そして、その学習に必要となる知識と経験の蓄積の場面を用意します。バラバラの認知構造をもった学習者に、最初にどんな知識や経験を蓄積させようかと、教師は考えないといけないということです。

22 「獲得主義」と「参加主義」は、両立できる

》子どもに特有の認知の仕方がある

小学4年の算数で、計算の順序を学ぶ学習があります。
まず、次の問題を出します。

①11＋2×3＝17

かけ算から解くことは学習済みです。
答えを確認し、次の問題に移ります。

②11－6÷3＝9

わり算から解くことも学習済みです。

答えを確認し、次の問題に移ります。

③18÷3×2

÷と×が混ざっている計算式ははじめて学習します。ここで、「よくわからないなあ」

というつぶやきが聞こえます。

そこで、まずは自由に解かせます。

すると、間違えてかけ算を先に計算する子がいます。理由は様々です。

「かけ算を先に学習したから」

「かけ算から計算すると、答えが18÷6＝3で低い数値になるからいいと思った」

このように、**間違いにも子どもそれぞれの理屈がある**のです。

では、なぜ子どもそれぞれの理屈が生まれるのでしょうか。

1つ目の理由は、**各自の知識・経験が異なるから**です。ここには、誤概念や思い込みも含まれます。各自の知識・経験を基にして、新しい学習内容を理解しようとしているので、それぞれの理屈が生まれるわけです。

2つ目の理由は、**初学者には初学者特有の「論理・考え方・見方」があるから**です。

3つ目の理由は、**「子どもに特有の認知の仕方」があるから**です。発達心理学の研究によって、子どもと大人とでは、論理や理解の仕方が異なることが明らかになってきました。つまり、子どもは、大人とは違ったものの見方・考え方をしているのです。個性や発達段階によっても、見方・考え方は変わります。だから様々な理屈が生まれたのです。

バラバラの理屈を、より確かな理屈にしていくには、話し合いが効果的です。

意見が分かれたら、子ども同士で話し合わせます。まず、自分の理解がどうなのかを確認させます。そして、友だちの理解と比べさせます。もし間違った考えの子がいたら、話し合いの中で、徐々に自分の誤りに気づけるのです。

話し合いをさせたうえで「左（前）から計算する」「×と÷を先に計算する」といった

ルールを確認します。**話し合いの中で、様々な意見を吟味したうえでルールを教えられるので、より確かに理解できる**というわけです。

この後さらに、間違い探しの問題を解かせ、知識の定着を図ります。

「『5＋10÷5＝3』どう間違えましたか？」

「『8×5－10÷2＝0』どう間違えましたか？」

これは「逆思考」の問題です。学んだ知識を活用させているのです。

子どもの考えを修正するには、間違えそうな問題を用意し、話し合わせたらよいのです。

なぜ対話が必要なのか

教師が容易に理解できることでも、子どもは理解に至るまでに、まったく別の考えを吟味したり、知識を当てはめたりしています。子どもなりの筋道に沿って理解しようとしているわけです。

千差万別の子どもに対して、教師による一方通行の発問、指示、説明で授業を進めると、浅い理解の子や、勘違いを抱えたままの子、ついていけない子が出てきます。

だからこそ、対話によって考えを整理させる時間が必要なのです。

平たく言えば、**「ときどき話し合いの時間をとり、一歩一歩理解させる」必要がある**のです。

相手との対話は、実は自分との対話でもあります。自分はどう理解しているのかを、相手との比較で知ることができるのです。

対話によって考えが整理され、理解が促されます。こうして、どの解釈が正しいのか、もっとよい方法はないのか、などを検討させられます。

対話は、ペアや4人程度のグループ、学級全体でも行うことがあります。

そして、各自がそれぞれの筋道で理解し、ゴールまで到達できればよいのです。

子どもには子どもの認知の仕方があります。そして、初学者の「論理・考え方・見方」をもっています。また、子どもによって知識・経験は異なります。

それに加えて、一人ひとりの個性も違います。各自がバラバラの筋道で学んでいるのです。だからこそ、子ども同士で話し合わせ、各自の筋道で理解が進むようにしていけばよいのです。

もちろん、教師の発問がよければ、それだけで十分質の高い授業はできます。

ですが、そのうえで子ども同士の「横の対話」を取り入れるから、さらに深く学べるのです。しかも、話し合いや討論を繰り返していると、議論の仕方が身につきます。また、まわりと協力や協調をしながら知識を一緒につくる力も身につきます。

ただし、話し合いに頼って子ども任せの授業をすると、学びが深まらないまま終わることがよくあります。第1章であげた算数の水そうに水を満たす問題などがその好例です。**発問、指示、説明を通した教師と子どもの「縦の対話」を充実させたうえで、子ども同士の「横の対話」の時間を確保すべき**なのです。

》スムーズ過ぎる授業の危うさ

注意すべきは、スムーズに理解でき、解決困難と思える場面もない、平坦な授業展開です。そうなると、対話は生まれず、「認識の飛躍」も生まれないからです。

例えば、小学3年の理科「磁石に何が引きつけられるのか」で考えてみましょう。

教師が、鉄とそうでないものを準備しておきます。木やガラス、プラスチック、消しゴム、布などを用意します。鉄だけが磁石に引きつけられます。

ここで終わっては、対話は起きず、「認識の飛躍」も起きません。

ところが、同じ空き缶でも、アルミ製と、鉄製を用意しておくとどうでしょうか。同じ釘やナットでも、鉄製と銅製を用意しておくのです。

一方は引きつけられ、もう一方は引きつけられません。教室は大混乱になります。こうなると、「おかしい」「どういうこと？」と、放っておいても対話が生まれます。しばらくものを触って確かめていると、色や重さ、柔らかさが違うことに気づきます。いったん混乱が生まれても、徐々に理解が深まっていくのです。

あえて混乱する場面やもう一度自分の知識・経験を振り返らざるを得ない場面を用意する。そして話し合わせる。こうすることで、「認識の飛躍」を促すのです。

教師が学習者に知識を効率よく教えるのが大切だという「獲得主義」と、学習者の学習活動への積極的参加や学習者同士の対話による学習が大切だという「参加主義」とは、相反する概念として紹介されます。**しかし、実はどちらも大切で両立できるもの**なのです。

【引用・参考文献】

・『学習科学ハンドブック［第二版］第3巻　領域専門知識を学ぶ／学習科学研究を教室に持ち込む』R・K・ソーヤー（編）、秋田喜代美／森敏昭／大島純／白水始（監訳）、望月俊男／益川弘如（編訳）、北大路書房、2017

第4章

本当は大切だけど、
誰も教えてくれない

[主体的な学習]
7のこと

23

学習の「主体性」には、3つの意味がある

》「主体性」の意味

「主体的な学習」を行うための「主体性」には、大きく3つの意味が含まれています。

①学習内容への興味・関心が高まり、意欲や熱意をもって学習を進める姿勢
②学習を自分事として捉え、自らの意思で粘り強く学習を進める姿勢
③自分の学習を振り返り、調整・改善しながら学習を進める姿勢

これら①~③は、それぞれ違う意味をもちます。
「主体的な学習」を促すには、教師がその意味を理解しておく必要があります。

多くの教師が意識しているのは、①です。

というのも、**そもそも学習とは、楽しいから行うものだから**です。歴史学者に「なぜ歴史を学ぶのですか」と尋ねると、「楽しいから」と返ってくるはずです。もちろん、社会の役に立つこともありますが、本来学習とは楽しいから行うものなのです。

学習への興味・関心が高まり、楽しいと思えたら、自然と自分から学ぶようになります。昨年まで授業を脱走していた子ですら、興味・関心のある教科には熱中して取り組みます。

だからこそ、まずは①が大切になります。学習に対する興味・関心を高めるのです。

2つ目の「主体性」

②は①とは少し意味が違い、**自らが学習の主体となること**を意味します。

学習を自分に必要なものと捉えて、自らの意思で学習に向かい、学習内容や問題を選択したり解決方法を選択したりするのです。

楽しいから学習に向かうというよりは、学習の必要性を感じ、自分の意思で学習に向かう姿勢です。外部からコントロールされて無理矢理勉強させられているのではなく、自らの意識で、能動的に、**行為主体性を発揮して学ぶ**のです。

例えば、プラスチックに関する環境学習の導入場面で考えてみましょう。

マイクロプラスチックの海洋流出が、世界的な問題となっています。

まず、マイクロプラスチックとは何かを、海岸の砂を持ってきて観察させます。顕微鏡でも調べさせます。細かなゴミがたくさん見つかります。

次に、プラスチックにかかわるゴミにはどんなものがあるのかを考えさせます。

石油由来のプラスチック繊維でできた服など、洗濯するたびに、細かなゴミが出ることを教えます。

このマイクロプラスチックを、海にいる微生物や、小さな生き物が食べます。

それをまた、海の大きな生き物が食べます。食物連鎖で、様々な生物にゴミが行き渡ります。海辺の鳥の死骸に、プラスチックが多く残されている映像も見せます。

そして尋ねます。「最後にプラスチックゴミを食べることになるのはだれですか」

最後に食べるのは、人間です。このことに気づかせるわけです。

そして、海に捨ててしまったプラスチックのゴミは、すでに大量にあることを教えます。

さて、授業の導入で人間も被害を受けることを教えるのには意味があります。それは、**「当事者意識」**を高めるためです。

子どもの反応を見ていると、「最後は人間が食べます」と伝えた瞬間、「ええ〜、嫌だ」と口々に言います。**自分の問題だと気づくことで、当事者意識が高まった**のです。

当事者意識をもたせるのは、つまり、②を高める工夫です。授業をつくるとき、ほんの少しでいいので、「自分事にするために工夫はできないか」と考えておくのです。

①も②も、学習へのモチベーションという意味では、同じものです。ところが、②の姿勢を高めるには、**「楽しい」だけでなく、他の感情や欲求に訴える方法がある**のです。

例えば、**「自分の力を高めたい（有能感）」「能力を発揮して、夢を実現させたい（自己実現の欲求）」「将来人の役に立ちたい（向社会的欲求）」「友だちと力を合わせて学ぶとうれしい（貢献感）」「自分で学習をコントロールして、自分の学びをしているのがうれしい（自律性の欲求）」「できたときにうれしい（達成感）」「この学習は役に立つ（有用感）」「この学習は自分にとって大切だ（重要感）」**などの感情や欲求です。

授業においてこれらの感情や欲求を引き出すことで、②の姿勢を高めることができます。

》３つ目の「主体性」

③は、**自己調整しながら学習を進めること**です。これを意識できている教師は多くあり

ません。

学習への自由度が低いほど、教師のコントロール（統制）が強まっていると言えます。

反対に、自由度が高いほど、学習者が選択できるチャンスが増えます。

第1章で示した、小学4年の冬の生き物の観察は、ある意味自由度が高かったのです。調べたい疑問を、自分のやり方で、友だちと協力しながら、自由に解決させたからです。「何を学習の対象にしようか」「何をどこまで明らかにしようか」「進め方はどうしようか」「時間配分はどうしようか」

このように自由度が高くなるほど、必然的に、自分の学習をどう調整すべきか考えないといけなくなります。だからこそ、自己調整による学習をするようになり、自分できちんとやるのだという主体性が生まれるのです。

なお、この自己調整の「姿勢」には、自分の学び方を振り返り、学び方を修正する「力」も含まれています。

「姿勢」を高めるには、「力」を高めることも必要になります。自由度の高い学習経験を通し、学習を振り返る機会をつくり、学び方の工夫を教えないと、力は高まりません。

学級経営ピラミッドでは、最後に、「高い目標への挑戦」ができるようになります。

「高い目標への挑戦」が可能になるには、このような自己調整の力を意識的に育てることが必要です（「高い目標への挑戦」の取組は、拙著『子どもを自立へ導く学級経営ピラミッド』や、本書の姉妹本『本当は大切だけど、誰も教えてくれない　学級経営42のこと』で詳しく示しています）。高い目標を自分で設定し、自己実現を図っていく。最終的にはこのような主体性が育つのです。

このように、主体性とひと口にいっても、①から③の意味が含まれています。

そして、大切なのは、①から②へ、②から③へとだんだんと主体性が高まっていくことです。つまり、**学習は楽しいと感じることから始まり、徐々に自らの意思で行うようになり、最終的には自己調整できるようになる**のです。

教師の役割として大切なのは、主体性を引き出すための様々な手立てを打ち続けることです。学習者に刺激を与え続けることで、主体性が徐々に高まるようにするのです。

最初は、賞罰で学習の動機づけをしてもよいので、徐々に教材のおもしろさを伝えたり、内容の重要性に気づかせたりして、主体性が高まるようにしていくのです。

そして、①から③へと順に主体性を高めていくのです。**主体性が高まり、学習者が学習に没頭する状態になれば、教師の想像を超えて資質・能力が高まる**のです。

24 予想や仮説を検証するサイクルが、主体性の高まりを促す

≫ 主体性の高まりに合わせて授業も変えていく

「主体的な学習」の「主体性」は、授業が「知的に楽しい」ことから生まれ始めます。

やがて、学ぶ意義がわかり、自分事として粘り強く学ぶようになります。

最終的には、自己調整しながら学び続けられるようになります。

「楽しい」授業が必要なのは、学習の主体性を育てる出発点になるからです。

そして、「できる」授業で、「学び方」も教えました。

つまり、「学級経営ピラミッド」の土台となる**「できる・楽しい」授業の段階で、子どもが「学びが楽しい」「学び方も少しわかった」と思っていなくてはならない**のです。

すると、徐々に自分から進んで学ぶ姿が見られるようになります。

このように、子どもの主体性が高まってくると、それに合わせて授業も変えていかなくてはなりません。

すなわち、「学級経営ピラミッド」の次の階層「主体的な学習」では、**子どもが自ら学びを進めていくように変えていく**のです。

そしてその中で、**「学び方」をさらにしっかりと獲得させていく**のです。

例えば、小学４年の社会科「飲料水はどこから来て、どこに行くのか」の学習を例に考えてみます。

「水道の水を、どんなことに使っていますか」

食器の洗い物や、飲み物、お風呂で使っていることを思い出させます。

「水道の水を使っていて、何か気づいたことや、思ったことはありませんか」

蛇口をひねると勢いが増すとか、消毒の匂いがするとか、いくら使っても水が出てくるとか、知っていることや疑問を出させます。

このように、ひと通り子どもたちの中にある情報を出させておいてから、次のように尋ねます。

「水道の水は、どこから来ているのですか」

学校や家の水道の水が、どこから来ているのか考えさせます。

答えは、「川（湖の場合などもある）」です。

このことに、子どもたちは一様に驚きます。

「川から水が来ていると、よくないことはありませんか」

汚れた水だから飲めない、そもそも川から遠い家はどうなるのか、山の上にある団地には水を送れるのか、などが問題となってきます。

こうして、疑問や調べたいことが徐々にはっきりしてきます。

「川と水道の間に、何があるとよさそうですか。予想してノートに書きましょう」

自由に予想させると、子どもらしい意見が出てきます。

「魚が入ってこないように、網を設置する」といった具合です。

他にも、「水をきれいにする施設」という意見も出ます。

ここではまだ、「ダム」「取水施設」「ポンプ場」「配水池」などは、意識の外という子が大半です。

「では、予想を確かめるため、さっそく学校の水道を遡っていきましょう」

こうして、水道管を遡って、実際に見学・調査に行きます。

学校周辺だけで様々な施設があります。「水道管」「水道メーター」「貯水槽」「ポンプ室」などが見つかります。

さらにどんどん遡っていきます。

子どもたちは、地域で「ポンプ場」や「配水池」を見つけます。

ところが、「配水池」は、上の写真のように妙な形の建物でできていることがよくあるのです。
子どもたちは、「これは一体何の建物なのだろう」と疑問に思います。
そのため、このような関連施設をまったく無視してしまう子もいます。関係ない建物だと思ってしまうのです。知らないものは見えないし、重要でないと思っているものも見えない（意識に上がらない）からです。

しかも、地域の外までは歩いて行けません。これ以上調べようと思ったら、別の方法で調べないといけません。

「この先がどうなっているのか、どうやったら調べられますか」

資料やインターネット、水道局の人に尋ねるなどの、調べ方を確認します。

そして、疑問や調べたいことを、自分で調べる活動に入ります。

地域で見つかった「配水池」や「ポンプ場」に興味をもち、家でも調べてくる子がいます。休日に尋ねに行く子も出てきます。

こうして、川からきれいな水が送られてくる行程を、予想や仮説を基にして、検証させていくのです。

続いて、今度は反対に、家や学校で使った水が川に戻るまでを、予想させます。

「みんなが使って汚れた水は、どこに行くのですか」

再び川に戻されます。

「家の流しと、川との間に何があれば、よいですか。ノートに書きなさい」

これまで学習した内容とは逆のことを考えさせます。きれいな水にして川に流さないといけないので、どんな施設があるとよいのか予想させるのです。

そして、予想や仮説を自分で明らかにする授業を行います。一度同じ方法で予想や仮説を検証する学習をしているので、今度はよりスムーズに、自分で学習を進めることができるというわけです。

このように、主体性が高まってくると、授業も次のように変化させていく必要があるのです。

できるだけ学習者に問題を設定させ、解決の方法を発想させ、解決させる。

こうして、学習者ができるだけ自力で学習を進める中で、「学び方」をさらに習得することができます。

しかも、「学びが楽しい」だけでなく、**粘り強く学ぶ姿勢や、自己調整しながら学ぶ姿勢も高めることができます**。

だからこそ、「できる・楽しい」授業が実現できてきたら、次の段階である「主体的な学習」において、できるだけ学習者自身に学習を進めるよう促す授業を行うべきなのです。

25

発問の優先順位は3番目

》優先順位を意識する

主体性を育てるには、「学習者の意識」の要素も大切になります。

学習者の意識を、「受動的」から、「能動的」に変えないといけないのです。

「できる・楽しい」授業の段階では、どちらかと言えば、教師主導で教えています。

したがって、学習者は受け身でもよかったのです。

しかし、「主体的な学習」の段階では、**できるだけ学習者が問題解決できるよう導くことが大切**になります。そして、学習者の意識を、次のように変えるのです。


授業とは、自ら問題を見つけて解決を試み、仲間と話し合って学びを深めるもの。

学習者が自分で問題や解決方法を考え、学びを進める意識に変えていくのです。

そのためには、教師の姿勢として、**できるだけ発問は後回しにして、先に学習者の疑問を抽出し、それでも問題が明らかにならないなら、意見の食い違いに焦点化する**ということが重要になってきます。

すなわち、次の優先順位を意識するのです。

---

①気づきや疑問、調べたいことを発表させる。
②子ども同士の意見の食い違いに焦点化する。
③教師が発問する。

どの授業でも、最初に知識と体験の蓄積をある程度行うはずです。その後すぐに発問に移るのではなく、まずは気づきや疑問、調べたいことを発表させるのです。

第2章で取り上げた「晴間」の詩の読み取りで「気づいたことや疑問を書きなさい」と指示したのがそれにあたります。前項で取り上げた社会科の水の授業では「水道の水を使っていて、何か気づいたことや、思ったことはありませんか」と投げかけています。

細かなことですが、このちょっとした5分ほどの発表が、決定的に重要になるのです。**授業の最初に教師が「今日の問題はこれです」と提示していると、子どもはいつまでも受け身のまま**です。「授業は主体的に進めていくもの」という意識にはなりません。

しかし、毎回5分でも、気づきや疑問、調べたいことを尋ねている学級は違います。だんだんと「授業は主体的に進めていくもの」という意識に変わるのです。

≫ 意見の食い違いは立ち止まるべきポイント

ただし、授業の最初に必ず疑問や調べたいことまで出るとは限りません。そこで、優先順位の2番目として、**子どもの気づきに基づく意見の食い違いに焦点化する**ようにします。

小学5年の社会科「寒い地方の暮らし」で、意見の食い違いが生じたことがあります。雪国の写真で、家の3階に小さな窓がありました。この窓の役割が問題になったのです。

普通に考えると、日光を入れて部屋を明るくするためです。しかし、「この窓から、雪かきをするために、屋根の上に出られるようになっている」という意見が出たのです。

さらに、「窓からやかんやホースを使って、屋根の雪をお湯で融かすようになっている」

というおもしろい意見も出ました。

そして「雪かきは大変な作業だからスコップで地道にやるのだ」という意見も出ました。

こうして意見の食い違いが生まれると、子どもは確かめたくて仕方ない状態になります。

「先生も答えはわかりません。どうやって調べたらよいですか」と問います。

すると、「資料を探せばいい」「ネットで調べたらいい」と口々に子どもは言います。

実は、屋根の雪を湯で融かす工夫は、温泉地など、湯が無料で使える地域では本当に実施されている雪かきの工夫です。

温泉地でなくても、道路の雪を温水で融かす工夫が各地にあります。また、屋根の雪を電熱線で融かす家もあります。子どもから出た意見は突拍子もなく思えますが、調べてみると、関連する情報が次々と出てきたのです。

普段、子どもの気づきや思っていることなどを、ノートに書かせているはずです。

そして教師は、授業中に子どものノートを確認しているはずです。

これは何のために行っているのでしょうか。

子どもの考えを確認する意味もありますし、予備知識を確認する意味もあるでしょう。

しかし、**一番の意味は意見の食い違いをつかむこと**です。

意見の食い違いは頻繁に起きています。それは、各自の解釈が違うからです。

国語の物語のテーマを尋ねると、同じ文章を読んでも、人によって解釈が異なります。

理科も同じです。同じ実験結果が出たのに、結果から導き出された結論が異なります。

これはつまり、子ども一人ひとりがもっている知識や経験が異なり、考え方も違うので、解釈が分かれるからです。

だから授業では、意見の食い違いが起きていないかを確認しないといけません。**もし意見の食い違いが起きていたら、その内容は子どもにとって混乱しやすいところであり、しかも重要であることが多い**のです。だからこそ、**教師はいったん授業をそこで止めないといけないの**です。そして、焦点化してじっくり考えさせたらよいのです。

》教師の発問は用意しておかないといけないもの

優先順位の3番目は、教師の発問です。疑問や調べてみたいことが出ず、そして、意見の食い違いも生まれなかったら、教師の発問に移ります。

優先順位が低いからといって、発問を用意しないのではありません。

初学者は、どうしても知識と経験が不足しているので、大切な情報を見逃したり、素通りしてしまったりすることがあります。つまり、「心理的な盲点」があるのです。**その心理的な盲点に気づかせるためにも、発問を用意しないといけません。**

これは、認識の飛躍を促すことでもあります。発問によって、自然には気づけない内容に気づかせ、問題を焦点化し、一段上の考え方ができるよう導くのです。

例えば、小学校では「動物の体のつくり」を学習します。

その中で、人や肉食動物、草食動物の体の違いを学習します。

動物は四足歩行で、逃げたり、けものを追ったりするのに都合がよいことを学ぶのです。

単元の最初に、知識と経験をある程度蓄積させます。様々な動物の映像を見たり、実際に動物に触れ合ったりする時間をとります。

子どもたちは、肉食動物と草食動物を比べ、「足の先の形が違う」「牙（歯）の形が違う」ことには気づくかもしれません。しかし、例えば、「目の位置が違う」「角がある動物は草食のものが多い」といったことに自然と気づけるでしょうか。

「角がある動物に共通していることは何ですか」「角は何のためにあるのですか」「ライオンに角があると、狩りのときにライオンは得ですか、損ですか」などと問われて、はじめて草食動物の防衛のために角があるのだとわかってくるのです。

26 内容知と区別し、方法知としての「学び方」を学ばせる

》問題解決を通して「学び方」に習熟させる

「主体的な学習」を定着させるには、**「学び方」**の習得が必要になります。

「学び方」は、学習の進め方に関する知識・技能です。

「学び方」は、**「方法知」**です。学習内容を意味する「内容知」は、だれもが意識できています。ところが、授業前に教えるべき「方法知」を意識する教師は少ないのです。

例えば、前項で発問の優先順位は3番目と述べましたが、その理由は、学習者自身に疑問や調べたいことを見つけられるようになってほしいからです。つまり、学習者が自分自身に「問い」（発問し）、問題を発見できるようになってほしいのです。

しかし、そのためには、**「問いのつくり方」という「方法知」**を教える必要があります。

例えば、次のように、問いのつくり方を教えるのです。

「比べてみて、似ているところや違うところを探そう」

「何が関係してそうなったのか、因果関係を考えよう」

「一般的にどういえるかを考えよう」

「他の場合や他の例でも決まりが成り立つのか考えよう」

実は、子どもに教えたい問いのつくり方は、発問のつくり方と同じです。

そのため、**発問のつくり方を知らない、もしくは発問の種類を理解していない教師は、子どもに問いのつくり方を教えることはできません**。

学習者が自分で問いを生み出せるようになるには、経験も重要です。つまり、教師の発問によって、価値ある問いかけを、体験させておかないといけないのです。

そのうえで、「よい問いとは何か」「問題はどうやったらつくれるのか」を振り返らせるのです。これは、**これまでの学習経験を一段上から振り返る「メタ認知」**に相当します。

例えば、国語の物語の読解で、「対比されているものを考えなさい」という発問を教師が行ったとします。そして、表現方法の工夫を読み取らせました。

その後、別の物語を読解する際、次のような振り返りをさせていくのです。

「以前の読み取りでは、対比されているものは何かを学習しましたね。これから学習する物語にも、このような対比を使った表現の工夫があるかもしれませんね」

問題解決の仕方に習熟させる

さて、「学び方」という「方法知」の中でも、とりわけ大切なのが**「問題解決の仕方」に関する「方法知」**です。これこそ、学習面の自立に必要な知識だからです。

問題解決の仕方を習得させるには、**問題解決の経験を重ねることが効果的**です。

先の問いのつくり方と同じで、経験をまず蓄積させることが大切なのです。

教師がすべて指示するのではなく、少しずつ、探究や問題解決を任せていくのです。

例えば理科の「電磁石の働き」で考えてみます。

単元の最初に、学習に必要となる知識・経験を蓄積させます。電磁石を自由に触らせ、巻き数を変えたり、中の鉄芯を変えたりと、自由に試行活動をさせるのです。

続いて、電磁石に関して気づいたことをカードに書かせます。

このとき、疑問や調べたいことも、カードに書かせるようにします。

そして似たカードごとにカテゴリー分けさせます。「KJ法」と呼ばれる方法です。

カードを整理する過程で、意見の食い違いも見つかります。「導線を巻くほど磁力が強くなる」「巻き数を増やしてもそこまで磁力は変わらない」などと、食い違うのです。

釘の先がＳ極になったという子もいれば、Ｎ極だという子もいます。

意見の食い違い、疑問、調べたいことは、それがそのまま問題として設定できます。

「鉄芯には、電流が流れているのだろうか」

「鉄芯の太さや数、導線の太さは、電磁石の強さと関係あるのだろうか」

こうして、気づきや疑問、調べたいことをまとめ、１冊の問題集をつくります。そして、ペアや４人班で、調べたい問題から解決させるのです。

この授業は、「電磁石の働き」という「内容知」だけを教えていません。

ＫＪ法を含めた**「問題解決の仕方」という「方法知」を教えている**ことになります。

「学習は自分たちで進めていくものだ」という意識変換も起きます。

このように、子どもに問題解決を任せる授業も、用意周到に行うことが大切です。ただし、**初学者には、必ず教師がサポーターとなり、隣で声かけする必要があります**。

「意見の食い違いに注目しよう」「比べてみたら解決できるよ」、などと声かけします。

声かけが減るほど、「学び方」という「方法知」が身についたことを意味するのです。

27

単元の学習中に、内容知と方法知をメタ認知させる

≫ メタ認知を促す

「メタ」とは、ギリシア語で、**「より高次な」**という意味の言葉です。つまり、「メタ認知」とは、自分の考え方や、思考の仕方、記憶の仕方など、**自分の「認知」に関して、1つ上の視点から客観的に把握すること**を意味します。

メタ認知の目的と方法には、大きく次の3つがあります。

①努力やがんばり、自分の成長を一段高いところから振り返り、次の学習に生かす。
②学んだ内容（内容知）を一段高いところから振り返り、活用できるようにする。
③学び方（方法知）を、一段高いところから振り返り、改善していく。

メタ認知でよく実践されているのは、①です。単元の「最後」に、反省や振り返りの時間をとります。友だちと協力できたのか、どの程度努力できたのか、どの程度自分の力が伸びたのかを振り返らせます。そして、反省を次の学習に生かすよう促すのです。

これは、「学習意欲」「協調性」などの「態度面」と、「自分の成長」という「能力面」に関する振り返りです。この①のメタ認知は、多くの教師が取り入れています。

ところが、メタ認知には、他の目的もあることはあまり知られていません。

つまり、②と③を意識できている教師は少ないのです。

しかも、単元の「最後」に振り返るのではなく、単元の「途中」で振り返らせ、しかも今学習している単元に生かそうとする教師はさらに少なくなるのです。

単元の学習中に「内容知」をメタ認知させる

まずは、②の「内容知」をメタ認知させる工夫から考えてみましょう。

国語の説明文の授業を例にあげます。

説明文の授業では、説明文の「構造」を読み取らせる学習が広く行われています。

まずは、説明文の内容をつかませます。そのために、音読を何度もさせます。また、キーワード探しや、段落の要約をさせていきます。

そして、説明文の内容がつかめた段階で、説明文の構造に気づかせる発問を行います。

「問いの段落はどこですか」「問いの文章はどれですか」

「根拠となる事実をあげている段落はどこですか」

「筆者の主張が書かれている文章はどれですか」

「筆者の主張と事実がどうつながっているかの理由（ワラント）の文章はどれですか」

「答え（結論）の段落はどこですか」「答え（結論）の文章はどれですか」

「今後の課題が書かれている文章はどれですか」

子どもは、これらの発問をされることで、説明文全体を見直すようになります。

そして、さらに深く内容を読み取っていくのです。

ですが、**内容を深く読み取ったとしても、これらの発問によって、ただちに説明文の構造に気づけるわけではありません。**説明文の構造は、内容よりも1つ上の視点から見たものであり、難易度が高くなるので、教師がメタ認知を促さないといけません。

「説明文はどんな順序で書かれていますか」

最後にこのように尋ねないといけないのです。

すると説明文は、「問い↓事実↓筆者の主張↓事実と筆者の主張がどう関係しているかの理由（ワラント）↓結論↓今後の課題」といった構造になっていることがわかります。

ここまで読み取って、ようやく1つ上の視点から説明文全体を眺めることができるようになるのです。

続いて、説明文を書かせる機会を用意します。説明文の書き方は、理科や社会など、他の教科でも使えます。**メタ認知させた知識が他の場面でも活用できることを教え、学習内容の価値に気づかせていく**のです。

》単元の学習中に「方法知」をメタ認知させる

続いて、③の「方法知」に関するメタ認知のさせ方を考えます。

例えば理科なら、「比べることで、共通点や相違点を探す」ことと、「〇〇をすると〇〇になる」「〇〇と〇〇が関係している」などの因果関係を探すことが、問題の発見につながります。そこで、この**「問題発見の方法」（学び方）自体を教えていきます**。

小学4年の理科で「水と空気の性質の違い」の問題をつくらせる場面で考えます。

まず知識と体験の蓄積が必要です。そこで単元の最初に、水と空気で自由に遊ばせます。

ただし、自由に遊ばせる中で、自然発生的に気づきが出るのを待つのではありません。水と空気を比べて、「水と空気を比べることで、共通点や相違点を探す」ことと、「○○をすると○○になる」という因果関係を探すことを推奨するのです。

すると、**自由に遊ぶ中でも、「問題を見つけるために、水と空気の性質を比べよう」「因果関係を考えよう」と意識される**ことになります。そして、多くの共通点や差違点、因果関係に気づくことができるのです。

これがそのまま、予想や仮説となり、問題として設定できます。あとは、この予想や仮説が正しいかどうかを検証させたらよいのです。

これはつまり、**「学び方」の一種である「見方」や「考え方」を、子どもが使えるように促した**ことを意味します。そして、「問題発見の方法」を教えることができたのです。

他にも、国語の物語を読解させるとして、読解に慣れてきたら、どこかの段階で、**読解の方法自体を教えたらよい**のです。

「『対比』という手法があるので、比較されている物事を探そう」

「起承転結という手法があるので、物語が盛り上がっているところを探そう」

「視点という手法があるので、話者はどういう立場で語っているのかを考えよう」

すると、子どもは読解の方法を意識しながら物語を読むことが可能になります。

このように、メタ認知は、**学習後ではなく単元の学習中に取り入れることで、知識や技能を使いこなそうとする姿勢や力を高めることができる**のです。

メタ認知は、小学校の低学年の子も行うことができます。幼児ですら、行うことができます。ただし、メタ認知がうまくできるのは、小学校高学年ぐらいからと言われています。しかし、発達に任せてメタ認知できるようになるのを待つのは得策ではありません。むしろ、**教師が単元の学習中に、①～③のメタ認知を促すようにすべき**です。

自分の問題解決がどういう結果になるのかを予測させたり、自分はどのように問題を解いているのかをモニターさせたり、自分の問題解決はどの程度合理的かを確かめさせたりする活動も入れていくべきです。**学習者同士の相互評価**も効果を発揮します。

メタ認知の力が高まると、「自分の得意な学び方はこれだ」とわかるようになります。すると、**自分の学び方を軌道修正しながら、学習を進められるようになる**のです。

主体件を発揮して学習を進める姿勢（力も含む）を高めるには、メタ認知の力を高めることが必要なのです。

28

問題解決の力を高めるポイントは、方法のメタ認知を促すこと

》問題解決の力を高める授業

「問題解決の力」とは、自力で問題を解決していくための力です。

具体的には、「問題発見の力」「予想や仮説を発想する力」「解決の方法を発想する力」「結果からより妥当な結論を導く力」などが含まれます。これらの力には、「学び方」の知識・技能だけでなく、思考力・判断力の要素も含まれます。

問題解決の力の向上は、「主体的な学習」を行う力と姿勢を育てるために重要です。

大切なのは、**徐々に子どもに問題解決を任せることです**。そして、**問題解決の経験を通して、問題解決の力をつけるのです**。**どのように問題を解決しているかを、メタ認知させる指導**も忘れてはいけません。

例えば、小学3年の社会科「農家の仕事」で考えてみましょう。

地域の農家が、どんな工夫で作物をつくっているのかを調べに行きます。

このとき、例えば「桃農家」を扱うなら、まず桃農園の写真を見せます。

すると、桃の花がきれい、山が近い、ネットや柵があるといったことには目が行きます。

ところが、気づけないものもあります。「斜面に桃畑がある」「電灯がある」「鉄砲のようなものがある」「枝を吊っているポールがある」といったことにはなかなか気づけません。そこで、子どもが素通りしてしまっている情報に気づかせていきます。

続いて、気づかせた事物に関して、予想や仮説を立てさせます。「電灯があるのは、夜でも作業がしやすいからだ」とか、「鉄砲の形をしたものは、望遠鏡なのではないか」「斜面に桃畑があるのは、桃がとりやすいからではないか」といった具合です。

実際には、電灯は害虫を退治するため、鉄砲は音で動物が近寄らないようにするため、斜面に桃畑があるのは日当たりや水はけがよいためです。しかし、正解をすぐには教えません。予想や仮説は分かれます。意見が食い違うと、より調べたくなります。

「どうやって調べたらよいですか」と問いかけます。

「資料を集める」「見学に行く」「農家の人に尋ねる」といった意見が出ます。

「調べるときに難しいことはありそうですか」「どの調べ方がよさそうですか」「関係者へ連絡の仕方が難しい」「よい資料がどこにあるのかわからない」「インタビューが一番いいけど、まずは資料で調べてからの方がよいかもしれない」

こうして「調べ方」に関して、自分でできそうなことを考えさせ、調べさせていきます。**調べたい気持ちを高めたうえで調べ方を確認し、まずは自力で解決させていく**のです。

子どもたちは、家で調べてきたり、休みの日に調べに行ったりする意欲を見せます。

もちろん、「先生教えて！」の大合唱になることもあります。

そんなときは、「いや、先生もわからないんだよ。ごめんね」と言います。

これで、自分たちで何とかしようと、子どもたちの心に火がつきます。

この授業では、問題解決の過程で、**任せられるところは子どもに解決を任せた**のです。

しかも、**調べ方をメタ認知させています**。

問題解決の力をつけるには、徐々にこのように授業していかないといけないのです。

できるだけ問題解決を任せる

小学3年の理科で、チョウを育てる学習をしていたときのことです。

子どもから、チョウに関する疑問が次々と出てきました。

「チョウの雄雌で、大きさや模様が違うみたいだ。雄雌の見分け方を調べたい」

「蛹によって色が違う。茶色と緑色の蛹がいる。なぜ色が違うのか調べたい」

「チョウや蛾など、幼虫によって食べ物が違う。どんな生活をしているのか調べたい」

疑問の多くは「比較」から生まれます。そこで、「比べると、疑問が見つかるから、友だちと自分のチョウを比べてみよう」と、**「疑問の見つけ方」**を教えました。

続いて、調べ方を考えさせました。興味のある疑問を、グループで調べるためです。学年で100人を超えており、1人につき1匹のチョウや幼虫を飼っていたので、サンプル数は十分でした。もちろん図鑑などの資料を使って調べてもよいことにしていました。

おもしろいのは、子どもによって調べ方が異なることでした。100以上のチョウを調べようと、ひたすら観察するタイプの子、まずは資料にあたろうと、図鑑から調べる子、様々な解決方法があるのです。

「○○さんのチームは、図鑑で明らかにできました。○○くんのチームは、観察で明らかにできました。みんなが今調べている疑問は、どうやったら解決できそうですか」

このように、自分のグループが解決している疑問に適した調べ方を検討させます。もちろん、解決困難な疑問も出てきます。解決できない経験もまた大切です。それによって、自主学習などで継続的に調べる子も出てくるからです。

ここで重要なのは、**問題解決を、少しでも、可能な範囲で子どもに任せたこと**です。そして、**疑問の解決に適した調べ方をメタ認知させたこと**です。

この「自分で問題解決する」学習は、子どもにとってより難しい学習になります。問題解決をいきなりすべて任せることはしません。まずは教師が近くにいてサポートします。教師が手本として、どう問題解決をしているかを見せてもよいでしょう。

イメージとしては、次のような指導順になります。

---

①教師が手本として問題解決の過程を見せる。どのように解決を図っているのか、その過程（問題発見、仮説発想、検証方法立案、検証、考察）を解説する。

②可能な範囲で子どもに任せて、教師は陰ながら支援する。問題解決の途中や活動後に、問題解決の方法をメタ認知させる。

③「協同学習」の形をつくり、問題解決の過程をグループに任せる。

④一人ひとりに高い目標へ挑戦させる。

「学級経営ピラミッド」の「できる・楽しい」授業の段階で①を行います。
そして、「主体的な学習」の段階で、②を行うのです。こうして、ピラミッドの「協同学習（③）」と、「高い目標への挑戦（④）」へと進むことができます。

ポイントは、**子どもに任せる②の段階で、問題解決の方法のメタ認知を積極的に取り入れていること**です。

問題解決の活動と、問題解決の方法のメタ認知はセットと思っていたらよいのです。
また、問題解決のサポートを教師が手厚く行うことも忘れてはいけません。教師が近くにいて、一緒に子どもと歩むイメージです。

そして、いつまでも教師のサポートが手厚いと問題解決の力がつかないので、徐々にサポートを少なくしていきます。

最初はサポートするところを意識しておき、やがて「どこでサポートをなくそうか」と意識しないといけないのです。

私たち教師は、「子どもは何度も授業を受け、何年も学習してきているから、自力で問題を設定し解決できる」と思いがちです。しかし、初学者にはそれができません。ある程度熟達していないと問いすら設定できず、解決はさらに困難です。

29
主体性を高めるもう1つのカギは、「環境づくり」

》「環境づくり」とは

「主体的な学習」を行うための主体性には、次の３つの意味が含まれていると、本章の冒頭で述べました。

①学習内容への興味・関心が高まり、意欲や熱意をもって学習を進める姿勢
②学習を自分事として捉え、自らの意思で粘り強く学習を進める姿勢
③自分の学習を振り返り、調整・改善しながら学習を進める姿勢

主体性を引き出す方法として、ここまでは、どちらかといえば、教師の直接的な指導を

中心に紹介してきました。

ただし、主体性を引き出す方法は、教師の直接的な指導だけではありません。主体性を引き出す方法には、間接的な指導も含まれます。

その間接的な指導の中核をなすのが**「環境づくり」**です。自然と主体性が高まる環境をつくるのです。

例えば、「できる・楽しい」授業によって、①は実現できます。これは、どちらかと言えば、直接的な指導に相当する方法です。

では、「環境づくり」となると、①には、どのような方法があるのでしょうか。

例えば、前項で示した桃農家の授業では、子どもから多くの疑問が出されます。

この中で、解決に時間がかかる疑問や調べたいことが出されることもあります。

「なぜこの地域で桃農家が多いのだろう」

「桃とブドウでは育て方が違うのだろうか」

このような問いです。

この問いを解決するには、歴史や地理を調べたり、ブドウと桃の育て方を比較したりしないといけません。時間がかかります。

このような発展的な問いは、「疑問ノート」などにメモさせておきます。そして、疑問を解決する時間を確保したり、家庭での自学を推奨したりします。1人1台端末を準備し、調べ学習の資料を入れておくのもよいでしょう。これも1つの「環境づくり」です。

そして、桃農家の授業がひと通り終わり、単元も終わりになったころに言います。

「まだ解決できていない問題がありました。先生も答えを知りません。この問題を調べたい人のために、関係する情報先を教えておきます。自学に取り組めるといいですね」

このように、**オープンエンドで終わり、後は自学に任せていく**のです。

子どもの興味・関心は様々です。教師の直接的な指導だけで主体性を引き出すことには、どうしても限界があります。だからこそ、興味・関心に合わせて学習を継続していけるようにする「環境づくり」が大切になるのです。

「環境づくり」は、教師の意図による直接的な指導とは違う面をもちます。むしろ、教師の意図とは関係なく、各自の学習活動が生まれることを期待しています。環境づくりは、**「無意図的な教育」**でもあるのです。

≫「環境づくり」の実践例

では、「主体性」の②と③における「環境づくり」は、どうすればよいのでしょうか。

②は、学習を自分事と捉えて進める姿勢・力を意味します。そこで、1つの方法として**「自分で学習方法を選択させる」**という環境をつくるのも効果的です。

例えば、理科の仮説を確かめる実験で、3つ程度の実験方法を示し、どの解決方法を選んでもよいことにしたり、自由に実験方法を発想させたりするのです。

「離れていても磁力は働くか」を調べるのに、「水に釘を浮かべる」「方位磁石で調べる」「ものをはさんで調べる」など、様々な方法で検証させるのです。

他にも、体育の水泳では、複数の練習メニューを用意することがあります。「A 無理なく長く泳げるコース」「B フォーム改善コース」「C タイムを縮めるコース」のように、習熟度別の練習コースをつくります。子どもは自分に合った練習方法を選択できるので、自分事の学習として練習に取り組めます。AからCへと成長できるのです。

人に教える場を設けることも、自分事として学習を進めることを促す「環境づくり」の

1つです。例えば、社会科で次の課題を与え、プレゼンする機会を設けます。

「西郷隆盛・勝海舟・大久保利通の中から1人を選んで、どんな願いで何をしたのか調べましょう」

「欧米に渡った岩倉使節団が行ったこと、留守政府が行ったことをまとめましょう」

つまり、人に教えるという出力を前提として、調べさせるのです。出力が前提のため、粘り強く調べるはずです。そして、学習発表会や参観日などの機会に、出力場面を用意するのです。

③は、自らの学びを調整・改善しながら、目標に向け学び続ける姿勢・力を意味します。
③の姿勢や力を高めるには、メタ認知できる環境を用意することが効果的です。
よく授業では、「目標と評価規準（基準）を用意しなくてはならない」と言われます。

メタ認知できる環境を用意するとは、例えば、**授業の目標も、「評価規準（基準）」も子どもに教えてしまう**ことを意味します。「この授業では、いったいどうなったら、よい評価が与えられるのか」を示すわけです。

例えば、体育の表現運動で、ソーラン節をするとして、名人、10段、9段…といった具合に、段位と評価規準を示すのも1つの方法です。これをすると、子どもは連日熱中して練習するようになります。しかも、**評価規準が明らかなので、子ども同士での教え合いをするようになります**。

授業でねらっていること、どんな力がつくのか、何をがんばればよいのか、そういった情報は、学習内容とは少し異なる、いわば**「学習を俯瞰で捉える情報」**です。

これらの情報を基に、子どもは目標に向かって調整・改善しながら学習を進めることができます。

「努力をもう少ししないと、このゴールまで到達できない」
「もう少しやり方を工夫しないと、最終ゴールに到達できない」

このように、一段上の視点から、自分の学びを俯瞰で見られるようになるのです。

さらに、③で最も大切なのは、**達成したい目標を自分で設定し、その目標を達成する方法を考え、努力を続けられるようになること**です。

ポイントは、**「目標を自分で決める」こと**です。

例えば、「国語の物語の読解作文を原稿用紙30枚以上書く」といった目標です。そして、そのゴールを達成するための方法も考えさせるのです。

教師も、子どもと一緒に、目標を無理なく達成するための方法を考えます。目標が決まり、目標を達成する方法が決まり、達成できそうな見通しがもてたら、あとは自分で軌道修正しながら、努力を続けられるものです。

合奏を上手になりたい、運動の大会で優勝したい、苦手な教科で連続で満点をとりたい、自学で1か月に1冊ノートを終わらせたいなど、子どもによって目標は様々です。

子ども一人ひとりの主体性を引き出す「カギ」は違います。だからこそ、主体性が引き出される環境をつくっておき、自然と主体性が高まるようにすることも必要なのです。

教室に置いてある資料を読んでいるうちに、興味をもって進んで調べるようになる子もいます。そういう無意図的な教育（環境づくり）も必要なのです。

教師の意図的な教育と「環境づくり」の両方が充実するからこそ、相乗効果によって、主体性を高めることができます。

主体性が高まり、「高い目標への挑戦」ができるようになれば、子どもの資質・能力は、教師の想像を超えて、飛躍的に向上するのです。

第5章

本当は大切だけど、誰も教えてくれない

［協同学習］6のこと

30

「協同学習＝グループ学習」ではない

≫「協同学習」とは

「協同学習」とは、1人では解決が難しい課題に対して、チームで解決する学習です。

単に、「グループで学習を行う」という、学習形態を意味するわけではありません。

グループ学習は、教師主導の一斉授業の中でも、随所に取り入れたらよいのです。

「協同学習」は、あくまで、**1人では解決が困難な課題（学習者にとって飛躍のある問題）を、協働によって解決していく学習**を意味します。

大切なポイントは、**主体的な学習者が集まってこそ実現可能**という点です。

教室内に学力差ができてしまい、しかも、できない子が受け身だったとします。

その場合、できる子ができない子に付き添って、逐一教える姿が見られます。これは

「協同学習」ではありません。**教師の教える役割を、子どもに肩代わりさせただけ**です。

そうではなく、同じ目標に向かって、各自が役割を分担し、知恵を出し合いながら活動できるようにしなければなりません。この状態は、**各学習者に知識・経験を蓄積させ、学習の進め方という「学び方」を習得させ、主体性を高めていないと実現が難しい**のです。

この「協同学習」の例を、授業の展開と共に見ていくこととします。

小学校高学年理科の「振り子」の学習を例に考えてみましょう。

---

①振り子を自由に使わせ、気づいたことや疑問、調べたいことを出させる。
②「振れ幅」では周期が変わらないことを、振れ幅を自由に変えながら確かめさせる。
③「おもりの重さ」を変えても、周期が変わらないことを実験で確かめさせる。
④「糸の長さ」を変えると、周期が変わることを実験で確かめさせる。
⑤糸の長さを変えずに、周期が変わる場合があるか調べさせる。

最初に、「振れ幅」を変えてもほぼ同時に一番下までおもりが到達する現象を見せます。

これは子どもにとっては、おかしなことです。スタート位置に関係なく、同時に一番下まで到達するからです。素朴概念とは違う現象を見せることで、「おかしいな」と思わせ、認識の飛躍を促します。

そして自由に遊ばせます。これで、知識と経験を、ある程度蓄積させることができます。

続いて②で、振れ幅では周期が変わらないことを実験で確認させます。

そして、「周期が変わりそうなのはどんなときですか」と尋ねます。すると、「おもりの重さ」や、「糸の長さ」などが出てきます。③と④の活動で、それぞれ確認させます。

ここまでで認識の飛躍を促したうえで、より深い理解まで到達させることができました。**知識・経験を蓄積させ、「学び方」も習得させたうえで、最後に、興味・関心に沿った⑤の「探究の活動」に入ります**。周期が変わりそうな場合を自由に調べさせるのです。

さて、この①から④の学習活動の中で、グループ学習はどの場面でも使えます。

ただし、これは「協同学習」とは違います。単に「グループで実験を進めた」だけです。「協同学習」は、より発展的な課題に対して、仲間と協力しながら解決していく学習です。ということは、**⑤の探究の活動こそが、「協同学習」に値する**のです。

難しい課題であっても、解決への見通しをもつことができます。

なぜなら、④までに、振り子に関する学習をひと通り終えているからです。

そこで、⑤の探究の活動では「協同学習」を行い、解決をあえてチームに任せます。４人チームで解決したい課題を決定させ、そして解決方法の考案も任せます。

単元全体でみれば、知識と経験を蓄積させ、しかも、学び方（実験や記録の仕方）を習得させた後で、「協同学習」が可能になるのです。

人は、他者が達成しようとしていることを認識して、協力できます。同じことに関心をもち、目標を共有できるのです。認知科学では、これを**「志向性の共有」**などと呼んでいます。この協力形態は、他の動物にはみられないものです。

前章で、問題解決の活動は、子どもにとって困難なので、教師の支援が必要だと言いました。そして、問題解決の力をつけるには、教師の支援を徐々に減らすことが必要だとも言いました。

「協同学習」の優れた点は、教師の支援を減らして、代わりに、仲間の支援を得られるようにできるところです。仲間の支援によって、発展的な課題を解決できるのです。しかも、チームで学習を調整する力や、話し合う力など、協働の力や姿勢が身につくのです。

31

意欲を高めるカギは、成功体験と教師の語り

》教室で学ぶ意味を感じさせる

「協同学習」を充実させるには、学習者の態度が重要になります。

「協同学習」は、仲間との協働が欠かせません。だからこそ、「協同学習」に対する意欲に成否が左右されてしまうのです。

「協同学習」を取り入れたら、**「多人数で学習したら、様々な意見が出て、1人よりも学びが広がり、深まった」という価値に気づかせることが大切**です。

この価値に気づかせることで、「協同学習」に対する意欲を高めていくのです。

例えば、小学5年の算数の平行四辺形の授業で考えます。

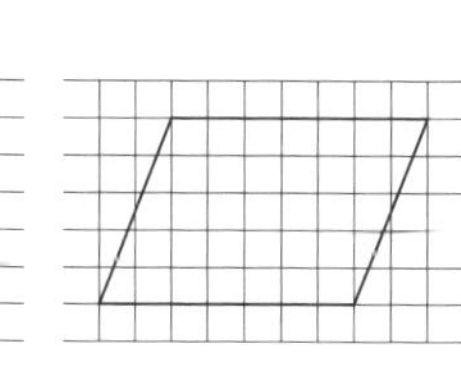
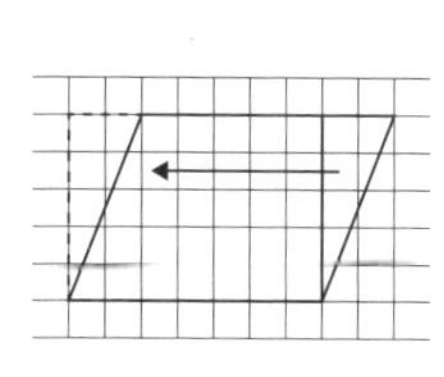
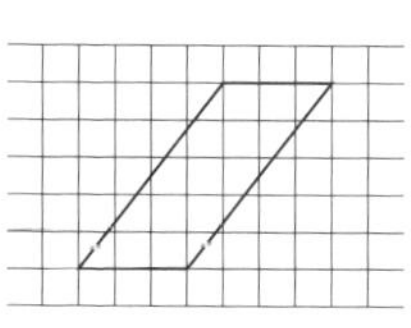

1時間目に、平行四辺形を長方形に変えることで、面積を求めさせます。このとき、「底辺×高さ」で平行四辺形の面積が求められることを教えます。子どもたちは、「簡単だ」「よく理解できた」と思えているはずです。

続いて、2時間目に、**高さが図形の外側にしかない平行四辺形の面積の求め方**を考えさせます。

図形を示すと、どうも高さがわからないという話になります。

図形の内側に高さがないですから、「そもそも高さとは何だったのか」が問題となります。

そこで、高さはどこかを相談させます。話し合わせたうえで、答えを示します。高さは外側にあります。

この後、どう授業するかがポイントです。「底辺×高さで同じように求められます」と教師が教えてしまう方法もありますが、それに納得しない子もいます。

そこで、高さが図形の外側にしかない平行四辺形も、四角形か、もしくは、高さが内側にある平行四辺形に組み直してみることを提案します。

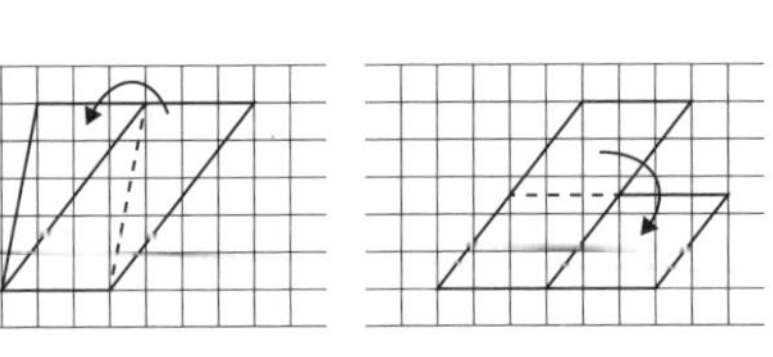

子どもたちは、何とかして長方形にできないかと考えます。また、高さが内側にある平行四辺形に直そうとします。しかし、１人ではなかなかできません。

そこで、４人チームをつくり、平行四辺形の紙を配ります。平行四辺形を切り貼りしてもよいので、自由に、面積を求められる形にするよう言います。

子どもを見ていると、とりあえず切り貼りしている子、図形に対角線を引いて考えている子、どんな図形に組み直せるかを考えている子、様々です。とりあえず行動から入る子、思考から入る子、相談から入る子、いろいろなのです。

しかも、子どもによって、つくる形は違います。何としても長方形をつくろうとする子もいますし、適当にいろいろ試してみる子もいます。１㎠の正方形がいくつあるかを数えようとしている子もいますし、簡単な平行四辺形に直そうとする子もいます。各自のこだわりがあるのです。

こうして、すでに学習した図形に直すことができます。

どの形でも、すべて計算すると同じ面積になっています。

そして最後に、「底辺×高さ」で面積を求めます。やはり同じ面積になります。だから、高さが外側にあっても、「底辺×高さ」で求められることが理解できるのです。

友だちの様々な意見を聞いているうちに、できない子も、高さや面積の意味が徐々に理解できてきます。１人で考えるよりも多くのアイデアが出て、しかも、あれこれと話し合っているうちに、理解も進んだことを経験したわけです。

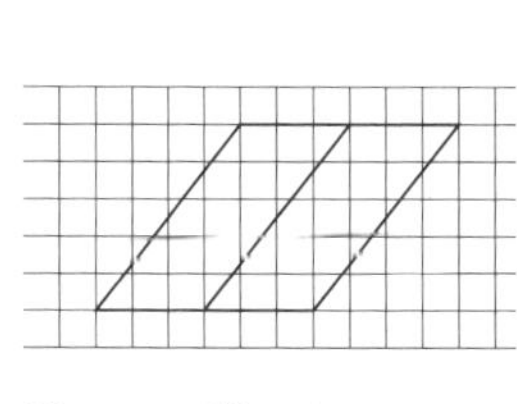

相手の考え方を知ることで、自分の考え方の「特徴」を知ることができます。他人を通して自分を知ることもできるのです。また、仲間と協働すると、１人ではできない難しい学習内容も理解できることを知ります。
最後に、**「これこそ教室で学ぶ意味なのだ」**と教師が語らなくてはなりません。
つまり、「共に学ぶ」価値に気づかせるのです。**成功体験と教師の語りがあるから、「協働は大切だ。まわりと共にがんばりたい」と思えるようになる**のです。そして、「協同学習」に対して意欲的に取り組むという**「よりよく生きる力・価値観」**が育ってくるのです。

32

協同学習を成立させるには、3つの条件がある

》「協同学習」が成立するための条件

「協同学習」が成立するには、いくつか条件があります。**チームに「主体的な学習者」がそろっていること**。そして、**学習者に「『協同学習』に対する意欲」があること**です。これらの条件は、すでに述べました。

主体的な学習者の条件として、特に**「学び方」の習得**が重要になります。「学び方」として、情報の集め方、情報の整理の仕方、意見発表の仕方、話し合いの仕方などを習得させるのです。これらは、すべての学習の「基盤となる力」になります。

さて、「協同学習」が成立する条件は、これら2つだけではありません。

3つ目の条件として、**その学習に必要となる「知識と経験の蓄積」**があります。

そもそも、「協同学習」とは、１人では解決困難な課題を、協働によって解決させる活動を意味します。

だからこそ、子どもだけで協働して学習を進めるには、その学習に必要な知識と経験の蓄積が欠かせません。知識と経験がないと、問題を設定することも、解決方法を考えることもできないからです。

ところが、特に小学校では、この３つの条件を全員が満たしていないことがあります。

その場合は、適宜、教師の支援が必要になります。

知識と経験が足りない場合は、意図的に、知識と経験を積むための活動の時間をとればよいのです。

また、「学び方」の習得が不十分な子がいたら、適宜、それを教えたらよいのです。

「協同学習」への意欲が低ければ教師が声かけし、励ましたり、ほめたりしていきます。

つまり、３つの条件が不十分なら、子どもに丸投げするのではなく、教師が近くにいながら、**「即時の支援」**を行っていけばよいのです。

≫「協同学習」で扱う問いの例

「協同学習」では、1人では解決が困難な課題を探究させます。答えが1つとは限らない**「答えのない問い」**をもたせるのも1つの工夫です。

「未来にどのようなエネルギーを選べばよいか」
「明治維新で、自分だったらどう日本を改革するか」
「きれいな水を世界中で確保するために、どうしたらよいか」
「世界の戦争をなくすために、どんな仕組みがあればよいか」

これらは、決まった答えがある問いではありません。いくつも答えが考えられます。答えのない問いは、発展的な課題となります。1人では解決が困難なので、役割分担して調べ、アイデアを話し合い、協働で解決していくのです。

他にも、例えば、算数や数学なら、学習した知識を複合した問題を出すのも1つの工夫です。前項で示した平行四辺形の問題がそれにあたります。

また、**「自分の興味のある問い」**に関して調べさせてもよいでしょう。小学4年の理科で、生き物が冬の間にどんな生活をしているのか追究する授業がそれにあたります。

興味のある課題を選択させ、４人程度のチームで解決させていきます。

例えば、「食糧自給率」を5年生に授業します。

自給率が減ることの問題点や、外国からの輸入が増えることのメリットとデメリットを学習します。この授業をひと通りして、単元の最後に尋ねます。

「もっと調べてみたいことや、新しく思いついた疑問があれば書きましょう」

学習をひと通り終えたからこそ、発展的な課題が出されます。

「農家は減っているのか」「外国の食料が安いのはなぜか」「外国の食料は安全なのか」「日本の農家が困っていることは何か」「自給率が低いことで困った国はないか」「自給率の高い国はどうやってその高さを維持できているのか」「日本が自給率を上げるなら何をしたらよいのか」

学習をひと通り終えているだけあって、調べるのが難しい内容が多く出されます。

そこで、興味・関心ごとに、チームをつくって調べさせます。

調べたことは、プレゼンにして、各チームが発表します。学級で様々な情報が共有されます。その結果、「食糧自給率を将来どうしたらよいか」という答えのない問いに関して、学びが深まっていくのです。

33 自由な活動ほど、即時のフィードバックが必要

初期段階は教師の支援が必要になる

協同学習を、小学3年の理科で行うとします。

テーマは、「昆虫の生活の工夫を調べよう」です。

昆虫の生存戦略を、協働で調べさせるのです。

昆虫にも様々な種類があります。羽があって飛んでいる昆虫もいますし、地面の上を動き回るものもいます。肉食の昆虫もいますし、菌を食べて生活している昆虫もいます。

まずは、身近な昆虫を採取し、育てることから始めます。

育てているうちに、次ページのように、疑問や調べたいことがいろいろと見つかります。

・羽の役割
・エサを食べる口や足の形、足先のかぎの形など、体のつくり
・擬態
・生息環境の工夫
・防御の仕組み（毒や派手な色など）
・子育ての工夫

まず広い学習テーマとして、「昆虫の生活の工夫を調べる」を示し、昆虫の飼育を始めました。

その後、飼育を通して、徐々に調べたいテーマが細分化してきました。

そこで、各自が興味をもったテーマで、4人程度のチームをつくります。

「広いテーマ」から「細分化したテーマ」が生まれたときに「協同学習」を行うのです。

このとき、**「チームで調べた情報は、最終的に他のチームに教える」ということを確認しておきます**。

しかも、**4人チームの一人ひとりが、他のチームに教えにいく方法にします**。

そうすることで、一人ひとりに責任感や当事者意識が生まれます。

質疑応答の時間もとります。こうなると、各自が質問に答えられるように準備しておかないといけません。

このように、質疑応答まで設定しているから、子どもは緊張感をもって、プレゼンの準備をします。

また、「発表後に、できるだけ質問する」「質問が出せなくても、感想は言う」ということも、前もって決めておきます。

さて、各チームの情報を共有した後に、最後に問題を出します。

「未来に進化するかもしれない『最強の昆虫』を考えよう」

そして、**チームを解体し、また新しく4人程度のチームをつくります**。

各テーマを調べた子が情報を持ち寄り、最強の昆虫を考えるわけです。そうすることで、各自が調べた情報を生かすことができ、様々なアイデアが生まれて、チーム全員で進化した昆虫を考えることができます。

「協同学習」の成功を経験して、次もまた「協同学習」をがんばる気持ちが生まれます。

なお、教師の「即時の支援」も随所に入れていきます。

例えば、昆虫の飼育の際に、食べ物や生息環境を一緒に図鑑で調べるといったことです。

また、単に飼育するだけなら、「食べ物は何だろう」とか、「何年ぐらい生きるのだろう」といった飼育に関する疑問しか出てきません。

そこで、羽の役割や擬態などに興味をもてるよう、昆虫の生存戦略を紹介します。興味・関心を高め、しかも予備知識をもたせておくよう、支援を行うのです。

つまり、**知識と経験の蓄積を図り、発問によって、認識の飛躍を促しておく**のです。

認識の飛躍によって、冒頭で示したような疑問や調べたいことがいろいろと見つかります。その後、同じテーマを選んだチームで、調べ学習をさせていくのです。

≫ 自由な活動ほど即時のフィードバックを多くする

「協同学習」を成立させるためには、教師の役割が大切だと述べました。

この場合は、第一段階で、知識と経験を蓄積させているかどうか、認識の飛躍を促しているかどうかが重要になります。

そして、「協同学習」に入ってからの調べ学習では、教師が資料を紹介したり、資料のどこが大切なのかを助言したりします。陰ながらしっかりと支援するわけです。

そして、**「協同学習」の「学び方」も助言していきます**。

例えば、「役割分担をすること」「自分の役割は責任をもってやること」「友だちの作業を手伝うこと」「困ったら先生に助けを求めてよいこと」「小学1年生にもわかるようなプレゼンにすること」といったことです。

また、**教師の「フィードバック」も、多くしていく必要があります**。

フィードバックとは、学習者の学びを見て結果を知らせ、ゴールに近づいているかを示唆し、次の行動の修正や調整を促すことです。

よくある間違ったフィードバックとして、「さぼっている子を注意して回る」というものがあります。「おしゃべりしません」、「遊びません」などと注意して回るのです。しかし、叱責や注意をして回っても、あまり効果はありません。ダメな方に意識を向けてしまうだけです。

そうではなく、**「手本となる学び方」をイメージさせる方が有効**です。

「○○チームは、資料で調べたことを箇条書きにしてまとめています。すばらしいね」

「○○チームは、写真を印刷して、分類しています。後でプレゼンに生かせそうだね」

「昆虫の動画を保存して共有しているチームがあります。映像はわかりやすいよね」

よいところを実況中継し、ほめながら紹介していくのです。このような前向きなフィードバックによって、まわりの子が手本となる学び方を真似するようになるのです。

初期の「協同学習」は、フィードバックを多くします。「学び方」が十分身についていないときには、教師が気づかせ、できているところはほめないといけません。

自由な活動になるほど、即時のフィードバックを多くしないといけないのです。

34 「システム・形態」は、課題の内容や解決のさせ方に応じて選ぶ

》「協同学習」のための「システム・形態」

「協同学習」に使える「システム・形態」には、様々なものがあります。

例えば、エリオット・アロンソンが開発した**「ジグソー法」**が有名です。

ジグソー法では、ホームグループで協力して、課題を解決していきます。ただし、ホームグループでの解決の前に、課題を細分化し、細分化された課題ごとに別グループをつくり学習させます。細分化された課題のエキスパートとなった人が、もとのホームグループに戻ります。そして、各エキスパートが、学びをホームグループでプレゼンします。すると、ホームグループでの課題解決がスムーズに進むことになります。

このジグソー法は、１９７０年代のアメリカにおいて、人種差別のせいで、マイノリテ

ィーが活躍できない競争的な学級の中に、協働的な雰囲気をつくるために開発されたものです。

他にも**「雪玉転がし（Snowball Discussion）」**という「システム・形態」がありま す。個人で考えたアイデアや調べた情報を、ペアやグループ、さらに大きなグループで次々に共有し、アイデアや情報を大きく増やしていくやり方です。

例えば小学4年の社会科で「安全で安心なくらし」を学習する際、「みんなが住みやすい町にするために、必要な物は何か」で考えさせるなら、まず個別に考えさせます。

続いて、ペアでアイデアを共有させます。

次に4人班で共有させ、さらに全体で共有させるといった具合です。

発表し合うたびに、次々にアイデアや情報が増えていく仕組みです。

このように、「協同学習」のための「システム・形態」はたくさん開発されています。

そのままでは使えなくても、アレンジして使えば、有効に働くはずです。

》「協同学習」のためのフィードバック

「協同学習」では、グループごとに別の課題を選び、それぞれの方法で解決を進めることがあります。

課題も解決方法も、バラバラなことがあるのです。

例えば、「水の汚染」に関する授業を受けても、次のように問題意識は分かれます。

「海が汚れるのは、雨自体が汚れているからか、だれかが水を汚したからなのか」

「使った水はきれいにしてから排水しているはずなのに、海が汚れるのはなぜか」

「池の水が緑色なのは、汚れといってよいのか。山で雨水は浄化されるのか」

「海の水は蒸発しているけど、蒸発したら、きれいな水になるはずじゃないのか」

様々な疑問がとめどなく出てくるのです。知識と経験を積み、学べば学ぶほど、新しい疑問が出てきます。

そこで、各疑問を各チームのやり方で解決していく「協同学習」に進むわけです。

「システム・形態」も、課題の内容や解決のさせ方で、適したものを選びます。

イメージで言えば、各自が自由に討論したり、タブレットを見せ合ったり、プレゼンを始めたり、歩き回って情報収集をしたりといった状態になることがあります。

これは、かなり自由度の高い学習活動です。

自由度が高くなるほど、教師は次のことに気をつけなくてはなりません。

即時のフィードバックをできるだけ取り入れる。

自由度が高くなるほど、課題も解決方法も多様化します。

だからこそ、子どもの活動に対して、「ゴールに到達できそうか」のフィードバックを即時に行う必要があるのです。

例えば、理科で未知の液体を調べる課題をチームで解決しているとしましょう。

このとき、教師は次のようにフィードバックをします。

「3班さんは、みんなで役割分担して実験ができていますね。すばらしいです」

「賢い班があります。ビーカーを洗ってきれいにしてから、次の実験に移っています。前の薬品が残っていると、結果が違ってくるかもしれませんから、正しいやり方ですね」

「5班さんは、みんなで意見の交換ができています。いいですね」

このように、**ほめる方向で、全体に向けて実況中継をする**のです。

一見、小さな教育行為に見えます。「それぐらいだれでも自然にやっている」と言いたくなるほど、些細な教育行為です。

しかし、意識的に行うことが大切なのです。

やってみると、効果は絶大です。

ある班のがんばりを認めてほめることで、他の班の動きも劇的に変化します。

よい行動は真似しますし、より工夫して実験しようと行動の質が高まるのです。

「危ないことをしていたら注意しよう」と後ろ向きな思いで机間巡視する教師と、「班を回ってがんばっている子がいたら個別にほめよう」と思っている教師と、**「実況中継で、がんばりを全体に伝え、プラスの行動を増やしていこう」**と思っている教師とでは、学習者のやる気や行動、態度がまったく違ってくるというわけです。

実況中継が効果を発揮するのは、その場での即時のフィードバックをしているからです。

学習の自由度が高くなるほど、学習者は、自分の行動に評価や助言、励ましがほしいと思っています。他者からのフィードバックがほしいのです。

そして、実況中継に意味があるのは、「行動の指針」が得られるからです。フィードバックを指針にして、子どもたちは動くことができるのです。

授業が終わってからの評価や助言は、多くの教師がやっているはずです。しかし、活動中の即時のフィードバックは、意外にできていません。意識しないとできないことだからです。

特に、「『協同学習』の進め方」「友だちとの協働の仕方」などの、**「学び方」へのフィードバックを行うことが重要**になります。「協同学習」は自由度の高い学習です。そのために、学習者は不安になっています。だからこそ、フィードバックを意識的に多くしていかないといけないのです。

【引用・参考文献】

・『協同学習の技法』エリザベス・バークレイ／クレア・メジャー／パトリシア・クロス（著）、安永悟（監訳）、ナカニシヤ出版、2009

35

討論に導くカギは、意見の食い違いを意図的に生み出すこと

》討論が自然と始まるとき

「協同学習」の中でも、最も学習が深まる活動と言えるのが**「討論」**です。

仲間と意見を交流し、話し合うことで、考えが深まったり広がったりするからです。

討論は、ふとした瞬間に、授業中に起きることがあります。

「考えを交流したい」と子どもが思った瞬間、教師が指示したわけでもないのに、自然と話し合いが始まるのです。

この状態を、意図的に生み出したいのです。

例えば、小学3年・算数の「あまりのあるわり算」で、次の文章問題を出します。

①34㎝のリボンがあります。このリボンを、６㎝ずつ切ってプレゼントします。
プレゼント用のリボンは、何本できるでしょう。

答えは、５本です。あまりが４㎝出ますが、これはプレゼントできないので、**「商がそのまま答え」**となります。

続いて、似た問題を解かせていきます。

②32本の鉛筆を、５本ずつ袋に入れてプレゼントします。
プレゼント用の袋は、いくつできますか。

これも考え方は同じです。あまりが２本出ますが、プレゼントはできません。そのため、**「商がそのまま答え」**となって、６袋となります。

「簡単に解けるよ」と子どもが言い出してから、次の問題を出します。

③A組には38人の子どもたちがいます。長いすに7人ずつすわっていきます。
全員がすわるには、長いすは何脚必要ですか。

これは先の問題と違います。ある子が3人出ますが、この3人にも長いすを用意しないといけません。答えは、**「商＋1」**で6脚となります。

少し違う問題を出すことで、教室は討論の状態になります。

答えが5脚と6脚に分かれ、自然と話し合いが発生するのです。

このように、意図的に意見の食い違いを生み出し、討論を発生させたいのです。

しかも、この問題を解かせることで、「算数は問題文に問われていることに正対して答えないといけない」ということを学ばせることもできました。

続いて、問題を出します。

④54人の子どもがいます。7人ずつのグループをつくりたいのですが、うまくできません。そこで、6人のグループもつくることにします。6人のグループと、7人のグループをいくつにすればよいですか。

これは、さらに問題の意味が異なります。別角度から考えなくてはなりません。

》討論を意図的に生み出すために

①の問題から②の問題は、「知識の適用」がそこまで離れていませんでした。似た問題だったのです。

ところが、③は少し違った考え方をしないといけない問題でした。つまり、「知識の適用」の距離が離れた問題だったのです。

最後の④の問題は、さらに「知識の適用」の距離が離れたものでした。しかも、これまでとは違う、別角度からの思考が求められる問題でした。

いってみれば、④は、**「別文脈の問題」**だったのです。

最後の問題は、グループで協力させないと、解決が困難です。どうやって解けばよいのかがそもそもわかりません。この場合は、別文脈から問うことで、解決が困難な問いを用意したことになります。グループで協働しながら、問題を解かせていきます。

「どうやって解けば答えが出しやすいのか」で意見が分かれることがあります。討論のしやすい状況も用意したことになります。

このように、問題を順に提示するだけで自然と話し合いが始まり、討論に発展することがあるのです。

教師は意図的に、協働で解決すべき難易度の高い問題を提示し、意見の食い違いを生み出し、討論が発生する場面をつくるとよいのです。

「協同学習」で最も学習効果があると言えるのが、討論を中心とした授業です。

討論に慣れ、討論の進め方を子どもが習得してくると、子どもたちだけの討論が可能になります。こうなったら、教師は黒板に子どもの意見を板書するぐらいで、あとは見守っておけばよい状態になります。

第6章

本当は大切だけど、
誰も教えてくれない

[授業展開]
6のこと

36 ゴールと実態の隔たりから、望ましい授業展開が見えてくる

≫ 望ましい授業展開のために意識しておきたいこと

学習者は、新しい内容に出合った際、どのように習得しているのでしょうか。

知識や経験が蓄積されていない状態では、新しい内容を習得するのは難しくなります。なぜなら、人はだれしも、自分の知識や経験を基にして、新しい内容を習得するからです。

だからこそ、教師は学習者の実態をつかむ必要があります。つまり、**「現在の学習者の状態」**を、いつも気にしていないといけないのです。

さて、授業をつくる際、まず教師は、**「授業のゴール」**を決めるはずです。

授業のゴールとは、何らかの資質・能力が向上した学習者の未来の姿のことです。

1時間分の授業のゴールもありますし、単元全体のゴールもあります。また、1年間の授業の最終ゴールもあります。

このゴールを描くために、教材研究を行い、授業内容や教材を把握することから始めます。**「授業内容・教材」を理解したうえで、「教えるべき内容」を意識し、ゴールを描く**わけです。

次に、学習者の実態把握を始めます。「現在の学習者の状態」をつかむのです。

学習前に、ある程度の知識と技能があれば、学習者の知識と経験を利用する授業展開が可能です。しかし、知識と技能が不十分であるなら、知識と経験を蓄積するところから始める必要があります。

つまり、**「授業のゴール（資質能力が向上した学習者の未来の姿）」と「現在の学習者の状態」との隔たりを比べ、その隔たりを意識することで、どう授業を進めるべきかの「展開」が見えてくる**のです。

教師が、どの授業でも必ず最初に行うべきことは、「現在の学習者の状態」をつかむことです。

理科で、秋の動植物の観察に行くとします。

このとき、「秋の動物や植物は、夏と比べて様子が変わりますか」などと尋ねることから始めるとよいのです。

この発問で、「現在の学習者の状態」がつかめます。間違った理解や、理解の不十分な知識が明らかになります。

また、子どもが似た勘違いを抱えていることなどもわかります。

このようにして、「授業のゴール」と「現在の学習者の実態」との隔たりを、できるだけ正確につかんでいきます。隔たりを意識することで、望ましい授業展開が見えてくるのです。

先に述べた通り、隔たりを意識すると、学習者が陥りやすい勘違いが見えてくることもあります。

算数の割合の学習でも、様々な勘違いが見られます。

割合の学習では、「もとになる量」を1と置いて考えます。

ところが、「全体を1と置いて考える」ことはわかっても、「全体の量が同じでない場合、割合同士で比べることはできない」ことがわからない子がいます。

そこで次のような問題を出して理解を促します。


アイスの値段の80％と、クッキーの値段の50％、どちらの値段が高いですか。


しばらく話し合いが続きますが、徐々に気づく子が増えてきます。

結局、もとになる値段が不明だと解きようがないのです。

「単純に％だけの割合では決められない」「もとにする全体の量が同じときに割合だけで比べられる」ということに気づかせていきます。

割合には、他にも勘違いが見られます。

「全体の量は、変化させずに、同じとして考える」ことを無視して考えている子がいるのです。

そこで次の問題を出します。

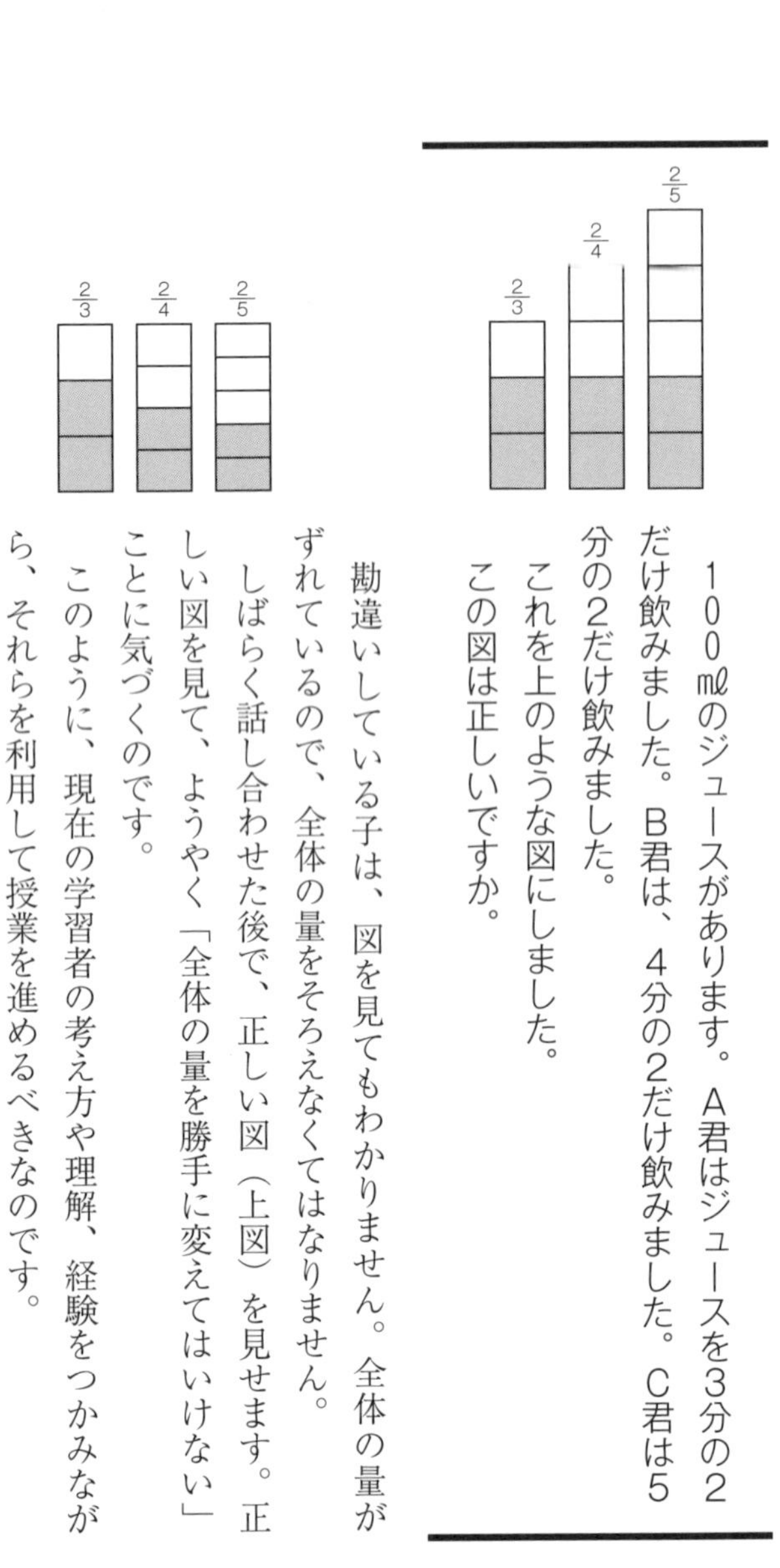

100㎖のジュースがあります。A君はジュースを3分の2だけ飲みました。B君は、4分の2だけ飲みました。C君は5分の2だけ飲みました。

これを上のような図にしました。

この図は正しいですか。

勘違いしている子は、図を見てもわかりません。全体の量がずれているので、全体の量をそろえなくてはなりません。

しばらく話し合わせた後で、正しい図（上図）を見せます。正しい図を見て、ようやく「全体の量を勝手に変えてはいけない」ことに気づくのです。

このように、現在の学習者の考え方や理解、経験をつかみながら、それらを利用して授業を進めるべきなのです。

この算数の授業は、勘違いを利用した例です。もちろん、もし子どもが勘違いをしていないなら、正しく理解している知識を基に授業を組み立てたらよいのです。

ちなみに、第2章で取り上げた国語の「晴間」の授業で、「気づいたことや疑問を書きなさい」という指示を最初にしているのは、「現在の学習者の状態」を知り、その理解を利用して授業を進める意図があったのです。

※ 授業展開をどう考えるか

理科では、学習者の多くが勘違いをしている現象があります。

有名な現象で言えば、「重いものほど速く落ちる」というものです。振り子の等時性や、自由落下の問題など、ほとんどの子が間違えます。これは、**生活で得た「誤概念」があるから**です。

そこで、「軽い木と重い鉄ではどちらが速く落ちますか？」と尋ねて、同時に落ちるのを観察させます。**「日常の経験からするとおかしい」と思わせる**のです。

そして、これまでの知識や経験では説明できないので、新しい説明や仮説を考えるよう促していけばよいのです。

もし、学習者の経験や知識に反する例が示せない場合や、示すと大きな混乱が生じると判断した場合は、現象を理解しやすい事例を順に紹介すればよいのです。そのことで、間違った仮説の修正を促し、正しい仮説をもてるよう、理解を深める展開にすればよいのです。

第3章で示した「熱平衡」の授業は、まさにこのやり方でした。熱平衡の現象は、日常生活において、ある程度正しく理解できるものです。日常生活と同じ熱平衡の事例を何度も示し、熱平衡に関する仮説を強化していったわけです。もし間違った仮説をもっている子がいても、徐々に正しい認識に修正させられます。しかも、最後は、一見矛盾する現象（別のものに置いた氷の融けるスピードが違う）も示し、熱伝導も含めて理解させることができました。

さて、ここで気をつけたいのは、**「授業内容」によって望ましい授業展開が決まる場合がある**ということです。

例えば、事例をたくさん集めると、何らかの法則やきまりに気づけるのなら、発見学習をさせたらよいのです。

反対に、自然と発見させることが難しい場合は、最初から教師が教えたらよいのです。

そして、教えられたことが本当に正しいかどうかを確認していけばよいのです。

例えば、「昆虫の体は3つの部分に分かれる」「植物の体は3つの部分に分かれる」ことには初学者はなかなか気づくことができません。こういった場合は、最初から教師が教えてしまえばよいのです。

そのうえで、「昆虫の体（植物の体）のつくりが3つに分かれているのは本当か」を、観察によって追究させていけばよいのです。子どもたちは、例外を探そうと熱中して追究します。

このように、学習内容によって望ましい授業展開が決まることがあります。

しかし、教師が意識しておきたいのは、**「授業内容」だけでなく、「現在の学習者の状態」にも気を配って展開を決める**ことです。「授業内容」だけでは、望ましい展開がわからないことが多々あります。そんなときは、「授業のゴール」と「現在の学習者の状態」との隔たりを意識すれば、自ずと望ましい展開が頭に浮かんでくるのです。

37
望ましい授業展開は、「学習者の認知の仕方」でも決まる

≫ あと1つ意識したいこと

望ましい授業の展開は、「授業内容」だけでなく、「現在の学習者の状態」からも決まります。

「授業のゴール」を思い描き、「現在の学習者の状態」とのギャップを意識することで、望ましい授業の展開が、はじめて見えてくるのです。

さて、これまでに述べてきた現在の学習者の状態（学習者の実態）は、主に、知識・経験の量や、発達段階などの側面でした。

しかし、あと1つ意識したいことがあります。

それは、**「学習者の認知の仕方」**です。

人の認知の仕方には、いくつかの特徴があることが知られています。

例えば、**「全体のテーマをおおまかに理解して、次に個別の内容をつかむ方がわかりやすい」という特徴**があります。

次の文章を見てください。


久しぶりに息子と話せてうれしかったんです。急な連絡で驚いたんですけど。ときどきは電話してくれていましたから…。でも、会社を辞めたと聞いたときには、驚きました。転職の準備で困っている様子だったんです。しばらく帰省できないと言っていました。それで、仕方なく…。息子を励ましたかったんです。でも、今では失敗したなと思っています。よくよく話を聞いていれば、こんなことにはならなかったと思います。


架空の話ですが、何の話かわかったでしょうか。

これは、振り込め詐欺の話です。

先に振り込め詐欺の話というテーマを聞いていると、よく理解できます。しかし、具体だけを示されても、何の話かよくわかりません。

人は全体のテーマをまず大まかに理解して、次に個別の内容をつかむ方が得意なのです。

このように、人の認知の仕方には共通する特徴があるのです。だからこそ、認知の特徴に合わせて、授業展開を考えなくてはなりません。

学習者の認知の仕方

例えば、「まず今日の授業テーマを示してから、具体的な個別の話に入ろう」と意識します。

これだけで、授業は様変わりします。

「明治政府は、世界と渡り合っていける強い日本にするための政策を考えました。強い日本にするために何をしたのか、調べていきましょう」

このように、最初にテーマを示し、大きな視点を与えるのです。

すると、その視点で明治政府の政策を見ていくことができます。

サッカーの運動技能を育てたいなら、試合のビデオを見せ、「こんなふうに、パスをつないで攻撃しよう」と、最初に練習のテーマを示すこともあるでしょう。

国語の読解なら、「物語を深く読む方法を整理してまとめます」などと、全体の大きなテーマを最初に示すのです。

さらに応用もできます。

「全体がわからないと個別の事象が認知しにくい」ことを逆手にとるのです。

例えば、授業の冒頭で次のように発問します。

「世界には、こんな人たちがいます。『めまいがする』『気分が悪くてふらふらする』『お腹が減っているが、たくさんは食べられない』…。どんな人ですか」

子どもから、「病気の人」「生活に苦しんでいる子ども」などと意見が出ます。

答えは、「飢餓による栄養失調の人」です。

「世界には、食べ物がなくて困っている人がいます。今日は、食糧問題について考えていきましょう」と授業を始めます。

子どもたちは、自分が栄養失調について何も知らなかったというインパクトと共に、授業のテーマを理解します。導入で授業に引きつけることができたのです。

このように学習者の認知の仕方を利用することで、授業展開の工夫ができるのです。

もう1つ、「学習者の認知の仕方」を利用した授業例をあげます。

人は、何かの事例を見ると、**「仮説を立てる傾向」**があります。そして、**その仮説が正しいかを他の事例で判断して、物事を認知する特徴がある**のです。

「これはうさぎです」と幼児に説明したときに、幼児は簡単な仮説を立てています。「手で持てるぐらい小さい」「耳は長い」「ふさふさの毛がある」「四本足」「にんじんの葉を食べる」「目が黒くて丸い」などです。これらの情報を基にして、「こういう特徴がある動物を『うさぎ』と呼ぶ」と理解するのです。

そして、別の機会に、今度は大きなうさぎや耳が垂れているうさぎを見ます。

すると、「大きなうさぎもいる」「耳が短く垂れているものもいる」と仮説を修正します。

このような認知の仕方を意識すると、展開の工夫を思いつきます。

その1つが、**典型的な事例をいくつか見せ、確からしい仮説が全員できたころに、少しだけ違う事例を見せて、仮説をより確かなものにしていくという工夫**です。

例えば、小学3年生に、「植物は根、茎、葉の3つの部位に分かれる」ということを、典型的な植物を示して教えます。

その後、「では、どんな植物でも本当に3つの部位に分かれていますか」「サボテンや大根、浮き草はどうですか」などと、少しだけ違う事例で考えさせていくのです。

授業展開を考えるにあたって、「現在の学習者の状態」にとどまらず、「学習者の認知の仕方」まで意識する教師は多くありません。

しかし、「学習者の認知の仕方」の特徴がわかれば、それを利用して、授業展開を工夫することが可能になるのです。だからこそ、私たち教師は、「学習者の認知の仕方」も知る必要があるのです。もっと言えば、授業中にも、**学習者が、どう考え、どう認知しているのかを知る努力をしないといけない**のです。

38 「わかった」の先の授業展開が、教師の腕の見せ所

≫「わかった」状態からどう授業を展開するか

社会科や理科、総合的な学習の時間などでは、仮説をつくり、その仮説が正しいかを検証する学習活動が、よく行われます。

仮説をつくらせる場合、**「学習者の認知の仕方」**を考えると、まずは仮説をつくりやすい事例を与えることが大切になります。

つまり、**法則や因果関係、共通点などに気づきやすい事例を与える**のです。

すると、学習者は混乱なく、より確からしい仮説を発想することができます。

例えばこのような問いに対して、それぞれ仮説を立てさせます。

「この地域の工業は、どういう理由で発達したのだろうか」

あとは仮説が正しいかどうかを検証する活動に移ればよいのです。

ちなみに、事例はできるだけ複数の方が、仮説を発想しやすくなります。複数の事例を比較すると、共通点や差異点、因果関係などに気づきやすくなるからです。

さて、仮説が発想でき、調査を行い、仮説が正しいと検証されたとします。

ここまでが習得の段階です。**学習者は「わかった」状態になりました**。

ここで学習を終えてもよいのですが、ここからさらに深く学べた状態にするには、発展問題に挑戦させることが効果的です。

例えば、次のような発展問題に挑戦させます。


他の地域の工業は、どういう理由で、何が発達しているだろうか。

これからの工業で伸びるのはどんな分野だろうか。


また、第5章では、小学3年・算数の「あまりのあるわり算」の事例を紹介しました。

ここでは、４つの問題を提示しましたが、問題①から④に進むにつれて難易度が高まりました。

②の問題のように、似た状況で知識を活用することは、知識の「近い転移」になります。しかし、③のように、異なる状況で知識を活用することは、「やや遠い転移」になります。

最後の④の問題では、かなり異なる状況で知識の活用を促しました。これは、知識の「遠い転移」になります。文脈が異なるため、「別文脈の問題」などと呼ばれます。

このように、段階を踏みながら、なるべく遠い転移になる発展問題を扱うことで、「深い学び」に到達させるのです。

≫ 子どもの誤概念を利用する

小学5年・理科の「川の流れる水の働き」の授業では、カーブの外側で、水の勢いやスピードが増すことを学びます。また、上流域は、幅が細く、傾斜も大きいので、急流であることを学びます。

その学習の後で、次の問題を出します。

S字の川があるとして、災害が起きないようにする工夫を考えなさい。

この問題は、学習した知識を使って解くことができるので、知識の「近い転移」で済みます。

しかし、次の問題ではどうでしょうか。

上流部と中流部の間に、日照りが続いている村があります。田畑の作物が枯れて困ります。梅雨になると雨が降りますが、一気に降るので洪水がよく起きます。川の水をうまく利用したいのですが、どうしたらいいですか。

これは知識の「遠い転移」になります。

「ため池や遊水池をつくる」「用水路を引く」「家は高台にする」「ダムや堤防をつくる」など、様々なことを考えなければなりません。

ある知識を、「別文脈の問題」でも適用できれば、理解が深まっていることを意味します。1つの文脈でしか適用できない知識よりも、多様な文脈で適用できる知識をもっていた方が、より理解が深いと言えます。**知識の適用範囲や応用範囲が広いから**です。

注意すべきは、**最初から多様な文脈を与えると混乱してしまう**ということです。最初はわかりやすい、簡単に知識が得られる課題を扱い、「わかった」と思わせないといけません。そのうえで、必要に応じて段階を踏みながら、知識を別の文脈で適用しないと解けない「発展問題」に挑戦させることが大切になるのです。

もう1つ気をつけるべきことがあります。それは、**学習後に時間が経つと、素朴概念に戻ってしまう**ことです。

素朴概念が正しければまったく問題ありません。しかし、多くの場合、素朴概念が誤概念だから問題なのですが、生活経験で得たものなので、かなり強固に定着しています。人はだれしも、既有の知識や経験を活用して新しい知識を理解しようとしています。このことは、常に自分の知識や経験を転移させているとも言えるのです。

となると、誤概念を知ることで、授業の展開を考えることができます。**子どもの誤概念を利用して、その誤概念に気づかせ、修正するように授業を展開すれば**

よいのです。

どの教科でも、学習者がどのような素朴概念をもっているのか、単元の前に調査するはずです。

例えば、小学5年・理科の「川の流れる水の働き」の単元の最初に、次のように尋ねます。

「ギザギザの川はつくれますか」「90度に折れ曲がった川はつくれますか」

子どもに考えを発表させ、理解を確認します。確認する中で、子どもの素朴概念と現在の理解を確認するのです。

もし「ギザギザに曲がった川もつくれる」という主張が出たら、「どれぐらいカーブしていても大丈夫だと思いますか」などと、現在の素朴概念を確認していけばよいのです。

そして、現在の理解を基にして、認識の飛躍をどう起こすかを考えていくのです。

このように、誤概念は単に否定すればよいということではありません。誤概念はその子の1つの知識であり経験なのです。

誤概念を利用しながら、だんだんと正しい知識へと、知識を紡ぎ直せばよいのです。

授業冒頭のこのちょっとしたやりとりにも、実は大きな意味があるのです。

39

「わかっていると思い込んでいる世界」は、かなり広い

》初学者が「問い」を生み出せるか

「相対性理論」を知らない人に、「『問い（疑問や調べたいこと）』を考えなさい」と指示したとします。この場合、「問い」をつくるのは困難です。もしつくれたとしても、価値ある「問い」とは限りません。

その分野に関する知識や経験がある程度蓄積されているからこそ、「まだこれがわからない」ということがはじめて自覚されるからです。

「自分はここがわからない」「自分はこれを調べないといけない」という思いがあるからこそ、疑問や調べたいことが生まれ、「問い」をもつことができるのです。

つまり、知らない内容に関しては、自分がどれだけ知らないか、何を知らないかすら、

わかっている世界 ⇨ わかっていると思い込んでいる世界 ⇨ わかっていないと気づいた世界 ⇨ わかっていないことにすら気づいていない世界

自覚できないのです。

逆に言えば、もっている知識や経験が増えるほど新たな疑問や調べたいことが生まれます。そして、自分や他者にとって価値ある「問い」を生み出せるのです。

少し踏み込んで整理すると、人には「わかっている世界」「わかっていると思い込んでいる世界」「わかっていないと気づいた世界」「わかっていないことにすら気づいていない世界」があります。

ここで大切なのは、**ある程度の知識や経験があるからこそ「わかっていると思い込んでいた」「ここがわかっていなかった」と気づけるということ**です。

そして、一番右端には**「わかっていないことにすら気づいていない世界」**が広がっています。ここは、知らないこと、見えていないことすら、自覚できていない世界です。知らないことは見えないし、認識もできていないわけです。

もし右端の世界に、教師の教えたい大切な内容があるなら、**知識や経験の意図的な蓄積や、発問によって、気づかせていく必要があります**。

例えば、エネルギーの学習で「停電になると何が困りますか」と問います。

子どもは、「夜が暗くなって不便だ」「冷蔵庫が止まる」などは思いつきます。

しかし、思いつきにくいものもあります。「レンジなどが使えず料理できない」「風呂やトイレが使えない」「固定電話が使えず、携帯電話の充電もできない」「ガソリンスタンドのガソリンが供給できなくなる」などです。

小規模停電の場合は対応できる場合もあります。しかし、大規模停電の場合困ることが多岐にわたります。大規模停電の際に起きることは、初学者にとって意識の外なのです。

なお、**「生活に近いことは生活の中で自然に気づける」というのは甘い考え**です。大人になっても、「わかっていないことにすら気づいていない」ことがほとんどです。

だからこそ、子どもが気づけていない「盲点」となっている世界を教えたいなら、知識や経験の意図的な蓄積や、発問が必要になるのです。それによって、子どもは新しい世界にはじめて目が行くのです。これもまた、認識の飛躍を促す教授行為なのです。

》「問い」をもたせるには意図的な授業展開が必要

もう1つ大切な点として、**「わかっていると思い込んでいる世界」はかなり広い**ということがあります。

携帯電話を例に言えば、その機能や仕組みをひと通りわかっていると思っている人は多いのですが、ＧＰＳ機能に人工衛星の働きや、相対性理論がどう利用されているのかを知っている人はほとんどいません。それどころか、液晶の仕組みや電源の仕組み、ネットの仕組み、タッチパネルの仕組み、果ては量子力学のトンネル効果の利用など、知っているとは言えないことがほとんどです。

しかし、携帯電話を日常不自由なく使っていると、何となくわかっていると思い込んでいるのです。

これがやっかいのもとです。

「わかっていると思い込んでいる」ことを、人はそれ以上調べようとしません。そこで、授業でもこの「わかっていると思い込んでいる」ことに気づかせる必要があります。

例えば、４年生の「ゴミ問題」の授業で、次のように発問します。

「ゴミを燃やす工場をつくるお金をかけなくても、ゴミを全部埋め立てたらいいのではないですか」

「ゴミが多い方が、海の上に新しい埋め立て地が増えていいのではないですか」

まず、話し合わせると、どの子も実はわかっていないことに気づきます。「確かに埋め立て地が増えた方がいいし、工場を増やす必要はないのでは…」とわからなくなるのです。

ここを出発点として、「そもそもどうなのか」「なぜそうなのか」と考えます。

その後、改めてわからないことを整理し、子どもに調べさせていけばよいのです。このような「わかっているると思い込んでいる」ことに気づかせることもまた、認識の飛躍を促す教授行為です。

注意すべきは、**「わかっている世界」に対して、問いをもたせたり発問したりするだけでは、新しい学びにはならない**ということです。新しい世界に目を開かせない授業は、子どもにとって退屈なものになります。

そこで、図の右へ右へと、「わかっている世界」を広げていくことが重要になります。ただし、知識や体験が蓄積されるほど、右へ右へと見える世界が広がっていくので、大切な内容に絞って教えていく必要があります。つまり、**何を教えるのか、どんな目を見開いていくのかという、「授業のゴール」を教師が設定しておくことが大切になる**のです。

授業は、知識や経験をある程度蓄積させたら完了ではありません。**知識や経験のある程度の蓄積は、見えていない世界（盲点）に気づかせるための出発点**なのです。

知識や経験の蓄積を単元の最初に用意するのは、それが学習の出発点となるからです。もっと言えば、単元最初の知識や経験の蓄積すら、子どもは重要な情報を素通りします。

例えば、中学理科の「大気圧」の学習で、注射器の中にスポンジを入れ、圧力をかけるとスポンジが縮む様子を見せます。単元最初に何度もスポンジが縮む様子を観察させます。そして、体験の後で問います。「スポンジは、どこから縮みましたか」「圧力をかけた方向から縮む」のか、それとも「まんべんなくすべての方向から縮む」のかを問うのです。答えは、「すべての方向から圧力がかかって縮む」です。ところが、子どもたちは、体験したのに答えられません。発問され、どこから縮むのかを意識して、はじめて見えてくるのです。この場面でも、重要な情報に気づかせるための発問が必要なのです。

教育界ではよく「教師が出す問いより、学習者自身の問いを扱うべきだ」と言われます。確かにそうなのですが、教える行為を放棄し、認識の浅いままの子どもを生み出しながら、「教師は子どもが学ぶのを見守っているだけでいい」というのは違います。

学習者の「問い」を引き出したいなら、教師がねらうゴールに沿った「問い」が出るよう、意図的に知識や経験の蓄積を行い、計画的に授業を展開する必要があります。

学び方を学び、必要な知識・技能が蓄積された学習者が、やがて、自分で問いを見つけることができ、問題解決できるようになればよいのです。

40 「大きな知識」と「個別の知識」を区別する必要がある

》「大きな知識」と「個別の知識」

知識には、**「大きな知識」**と**「個別の知識」**があります。

「大きな知識」とは、原理や原則、法則などに代表される知識です。

例えば、「工業が発達するためには、そのための地理的条件がある」といった知識です。

一方で「個別の知識」とは、文字通り、「一つひとつの個別的な知識」を意味します。

製鉄工業で考えてみましょう。

製鉄工業が発達するには地理的な条件が欠かせません。

昔の「たたら製鉄」は、砂鉄や木炭を大量に使用したため、それらが豊富な地域につくられました。

現在の製鉄所は、外国から鉄鉱石を輸入できます。そのため、海の近くにあることがほとんどです。船で鉄を輸送でき、土地も安く、まわりの住宅環境の悪化も防ぐことができるからです。

他にも、精密機械の工場は、洗浄のための清水や、乾いたきれいな空気がある場所につくられます。交通が発達し、人口密集地帯に容易に運べる場所だと、なおよいでしょう。ビールなどの酒の工場は、清水を使えるところにあります。

この場合「個別の知識」とは、「製鉄所は海の近くにある」「酒の工場はきれいな水が使える場所にある」などの、個別の事実や事例を指します。

また、「つくった鉄を船で輸送している」「精密機械をつくるには不純物が部品に付着しないためのきれいな空気とさびを防ぐための乾燥した空気が必要」「酒造りにはきれいな水が必要」といったことも、「個別の知識」です。

あるいは、「海があると船の移動がしやすい」「鉄鉱石は外国からの輸入に頼っている」「人里離れたところは土地が安く、空気がきれい」といった知識も「個別の知識」です。

つまり、「大きな知識」の中には、関係する多くの「個別の知識」が含まれているのです。**「個別の知識」を集め、抽象度を高くして、一般化したものが「大きな知識」**なのです。原理や原則、法則などの「大きな知識」を理解するには、個別の事実や事例を知らないといけません。

「深い学び」にとって大切なこと

つまり、抽象度の高い、一般化された「大きな知識」を理解するには、数多くの「個別の知識」の理解を必要とするのです。

ところが、よくある教師の勘違いとして、「大きな知識」を教えたらそれで学習は終わりと考えてしまう、ということがあります。

しかし、「工業が発達するためには、そのための地理的条件がある」という「大きな知識」だけ教えても、理解はできません。理解には、必ず「個別の知識」を伴う必要があるからです。

もし、原理や原則、法則などの「大きな知識」を先に教えるのなら、後から個々の事実や事例を示し、「個別の知識」も教えないといけないのです。

これは、反対のことも言えます。

「個別の知識」だけ教えて、「大きな知識」を教えなければ、理解は不十分だということです。

例えば、「りんごの産地は青森県」「ぶどうや桃の産地は岡山県」「さつまいもの産地は鹿児島県」「じゃがいもの産地は北海道」といった「個別の知識」を与え、子どもに丸暗記させたとしても、本当の意味で理解はできていないのです。

なぜ県によって名産が異なるのか、その法則などの「大きな知識」を理解しないと、深く理解したことにはならないからです。

例えば、「作物のつくりやすい自然的な条件が合致したから」「大都市に近く、しかも珍しいから高く売れるという社会的な条件が合致したから」といった「大きな知識」も教えないといけないのです。

すると、「名産は土地や気候などの自然的条件や、『珍しいから高く売れる』などの社会的条件によって決まる」といったように、「大きな知識」を基に、「個別の知識」をより深く理解することができるのです。

「大きな知識」まで教えること（発見させること）で、はじめて「個別の知識」同士がつながり、大きな視点で（俯瞰で）学習内容を理解したことになるのです。できるだけ抽象度の高い理解（俯瞰的な理解）をさせることが、認識の飛躍を促すことにつながります。

このように、**「個別の知識」と「大きな知識」は違っていて、その両方を理解させるように授業を考えないといけない**のです。

さて、ここでもう1つ重要なことがあります。

単純に「桃の産地は岡山県」と暗記するよりは、「岡山県は晴れの国、山も多く、水はけのよい斜面があり、水がきれい」などと、複数の知識を一緒に覚えた方が、より覚えやすく、理解しやすくなる点です。

多少覚える知識が多くなったとしても、「個別の知識」に意味をもたせる（「有意味にする」といいます）方が、より覚えやすくなります。

また、1つの知識を覚えるときに、それと関係する知識も一緒に覚える（「精緻化」といいます）方が、よく覚えられます。覚えようとする知識に、関連する知識を付加するわけです。

他にも、「知識と知識の関係」を理解させることで覚えやすくなります。知識同士の関係性を整理して覚えようとする（「体制化」といいます）からです。

このように、知識には、大きく分けて「大きな知識」と「個別の知識」があり、この2

つの違いを意識し、両方を教えるようにしないといけないのです。

そして、記憶に残りやすくするには、「有意味」「精緻化」「体制化」をも意識する必要があるのです。

例えば、「自分の住む都道府県に製鉄所をつくるとしたら、どこにつくるか」という討論のテーマを設定します。このテーマに答えるには、製鉄所に関して「個別の知識」と「大きな知識」を両方集め、活用する必要があります。

討論を通すと学びが深まるのは、様々な知識を関連づけ、活用することを促すからなのです。

41

話し合いが、かえって問題を見え難くすることがある

》教材研究とは何か

私たち教師は、できるだけ「深い学び」になるよう授業を考えなくてはなりません。

前項で述べたように、「深い学び」にする1つの方法として、原理や原則、法則などの「大きな知識」を教えて認識の飛躍を促し、俯瞰で世界を見る力を養う授業があります。

「大きな知識」を教える際には、個別的な事実や事例に関する「個別の知識」に関して、何を教えるべきかを考えなくてはなりません。

そうはいっても、授業では「あれもこれも」教える時間はありません。

教えたい内容を、膨大な情報の中から切り取らなくてはなりません。

膨大な情報が詰まった世界から、教えるべき内容を決めることが、すなわち「教材研

究」なのです。

例えば、社会見学でおかし工場や自動車工場などに行くことがありますが、工場には様々な情報があふれています。予備知識が乏しいままだと、目で見たとしても、「何が何だかわからない」で終わってしまいます。

情報があふれていても、知らないものは見えませんし、重要でないものも見えません。世界から何を切り取って教えるのか、それを教師は考えないといけないのです。

そして、教師が見せたいと思っている情報を見つけられるよう、見学前に学習者に意識づけしておくのです。

このことは、国語でも理科でも、何の教科でも同じです。

何を重要な知識として教えたいのか、それを考えることが教材研究なのです。

「どんな『大きな知識』を教えようか」とまず考えます。そのうえで、「『大きな知識』を教えるために、どんな『個別の知識』を教えようか」と考えるのです。

例えば、国語で「物語の展開の型」（大きな知識）を教えるとして、「話が急展開しているところや、急に主人公の気持ちが変わったところ」に注目させるべく「この言葉、この一文に気づかせたい」（個別の知識）と、授業前に考えておきます。

社会科で自動車工場について学習するなら、「工作機械があること」「ベルトコンベアーがあり、自動化されていること」「工場の発展のための改善システムがあること」など、「大きな知識」を教えたいと、前もって決めているかどうかが大切になるのです。

教えたい「大きな知識」を決めておけば、その理解に必要な「個別の知識」も、何を教えたらよいのかがわかってきます。

これは、「思考力・判断力」などの、目に見えない能力を育てるときも同じです。何の能力を養うために、何を切り取って教えるのか。それを考えないといけないのです。

例えば、歴史の授業で、「批判的な思考」「多面的な思考」を育てたいとします。だとするなら、勝者側の歴史だけでなく、敗者側の歴史を扱うのも1つの方法です。「明智光秀の生涯から、本能寺の変を考えてみる」といった具合です。様々な一次資料が発見されるたび、明智光秀の突発的な謀反という説は弱くなっています。

一度でも反対側の視点で考えると、歴史の見え方がまったく変わります。このような経験を通すために学習内容を選ぶのが、教材研究なのです。

ここでは、「批判的な思考」「多面的な思考」を育てるため、「視点をだれに設定するかによって、歴史の解釈は変わる」という法則的な知識（大きな知識）を教えようと思ったわけです。すると、どんな「個別の知識」を教えたらよいのかがわかってきます。

子どもだけでは学習の焦点化は難しい

価値ある学習活動への絞り込みは、初学者には困難です。たとえ子ども同士で対話させたとしても、価値ある「問い」や学習課題を子どもだけでつくるのは難しいのです。子ども同士の話し合いが、**むしろ問題を見えにくくすることもあるぐらい**です。

小学4年・理科では、「ものの温まり方」を調べる実験をします。実験後に、ものの温まり方はどうだったかを4人班で話し合わせます。

すると、次のような意見が出ます。

「温めたところから順に温まる」「離れたところから温まる」「上の方から温まる」

意見はバラバラです。

ところが、話し合いの結果、「だいたい同じ意見だね」で終わってしまうことがあるのです。もしくは、考えを合体させてしまうこともあります。「順に温まる場合もあるし、離れたところから温まる場合もあるし、上から温まる場合もある」といった具合です。

これが、話し合いが問題を見えにくくした例です。

そこで教師が論点を明確化しないといけません。それぞれの意見の違いに気づかせ、そして、どれがより妥当な考えなのかを検討させないといけないのです。

価値ある内容を切り取るのは、授業内容や教材に精通した教師だからこそできることなのです。

その他の引用・参考文献一覧

『教育工学事典』日本教育工学会（編著）、実教出版、２０００

『学習指導と認知心理学』エレン・Ｄ・ガニエ（著）、赤堀侃司／岸学（監訳）、パーソナルメディア、１９８９

『授業の心理学　認知心理学からみた教育方法論』栗山和広（編著）、福村出版、２０１４

『間違いだらけの学習論　なぜ勉強が身につかないか』西林克彦（著）、新曜社、１９９４

『勉強法の科学　心理学から学習を探る』市川伸一（著）、岩波書店、２０１３

『脳からみた学習　新しい学習科学の誕生』ＯＥＣＤ教育研究革新センター（編著）、小泉英明（監修）、小山麻紀／徳永優子（訳）、明石書店、２０１０

『授業を変える　認知心理学のさらなる挑戦』米国学術研究推進会議（編著）、森敏昭／
秋田喜代美（監訳）、21世紀の認知心理学を創る会（訳）、北大路書房、２００２

『授業が変わる　認知心理学と教育実践が手を結ぶとき』ジョン・T・ブルーアー（著）、
松田文子／森敏昭（監訳）、北大路書房、１９９７

『知ってるつもり　無知の科学』スティーブン・スローマン／
フィリップ・ファーンバック（著）、土方奈美（訳）、早川書房、２０１８

「『令和の日本型学校教育』の構築を目指して〜全ての子供たちの可能性を引き出す、個別
最適な学びと、協働的な学びの実現〜（答申）」中央教育審議会、２０２１

「授業改善を推進する学校経営―主体的・対話的で深い学びの視点による授業改善と学習
評価―」大前暁政、『小学校時報』５月号、第一公報社、pp.４-８、２０２０

『学習科学ハンドブック［第二版］第1巻　基礎／方法論』R・K・ソーヤー（編）、森敏昭／秋田喜代美／大島純／白水始（監訳）、望月俊男／益川弘如（編訳）、北大路書房、2018

『本当は大切だけど、誰も教えてくれない　学級経営　42のこと』大前暁政（著）、明治図書出版、2020

『本当は大切だけど、誰も教えてくれない　教師の仕事　40のこと』大前暁政（著）、明治図書出版、2020

『先生のためのセルフコーチング　自分への問い方次第で教師人生は変わる！』大前暁政（著）、明治図書出版、2018

『スペシャリスト直伝！　理科授業成功の極意』大前暁政（著）、明治図書出版、2011

『理科の授業が楽しくなる本』大前暁政（著）、教育出版、2007

『若い教師の成功術』大前暁政（著）、学陽書房、２００７
『スペシャリスト直伝！　板書づくり成功の極意』大前暁政（著）、明治図書出版、２０１２
『プロ教師直伝！　授業成功のゴールデンルール』大前暁政（著）、明治図書出版、２０１３
『ＷＨＹでわかる！　ＨＯＷでできる！　理科の授業Ｑ＆Ａ』大前暁政（著）、明治図書出版、２０２０
『子どもを自立へ導く学級経営ピラミッド』大前暁政（著）、明治図書出版、２０１５
『仕事の成果を何倍にも高める教師のノート術』大前暁政（著）、黎明書房、２０１０
『どの子も必ず体育が好きになる指導の秘訣』大前暁政（著）、学事出版、２０１１

『なぜクラス中がどんどん理科を好きになるのか　改訂・全部見せます小３理科授業』
大前暁政（著）、教育出版、２０２０
『なぜクラス中がどんどん理科のとりこになるのか　改訂・全部見せます小４理科授業』
大前暁政（著）、教育出版、２０２０
『なぜクラス中がどんどん理科に夢中になるのか　改訂・全部見せます小５理科授業』
大前暁政（著）、教育出版、２０２０
『なぜクラス中がどんどん理科を得意になるのか　改訂・全部見せます小６理科授業』
大前暁政（著）、教育出版、２０２０

おわりに

授業がよかったかどうかは、授業のゴールを達成できたかで決まります。

ゴールを達成するよい授業ができたとします。

教師は、授業後に「授業方法」の分析をするはずです。

発問や指示、説明、展開などを振り返るのです。

この「授業方法」の分析を続けていると、あることに気がつきます。

それは、**よい授業には、原理や原則、法則があるということ**です。

よい授業方法の原理や原則、法則とは、言い方を変えると、**「指導方略」**であり、**「定石」**です。

そして、**「大きな知識」**に相当するものです。

この「大きな知識」は、応用可能です。別の授業にも取り入れることができます。

このような、よい授業方法に関する「大きな知識」は、どこで学べばよいのでしょうか。

外国の論文や、実験室での心理学的な研究成果、著名な研究者の言葉でしか学べないのでしょうか。

そんなことはありません。**教室の日々の授業でも発見できること**です。

さらに言えば、**普段の授業の子どもの事実から、新しい「定石」を生み出すこともできます**。私たち教師こそが、授業の事実を重視し、もっと「定石」を意識すべきです。

ここで1つ気をつけたいことがあります。それは、次の3つはすべて違う意味をもつということです。

---

①ゴールを実現するための「授業方法」の理解（知識）
②「授業方法」を使いこなす力（技能）
③「授業方法」をいつ、なぜ、どのように使えばよいのかの理解（一段上の俯瞰的な知識）

ゴールを達成するには、これら3つの理解が必要になります。
③の知識が、指導方略（定石）に関する知識です。③の知識は「大きな知識」です。
③を学べば、授業に関して、一段上の理解に至り、「俯瞰の目」を手に入れることがで

きます。

ところが、③の理解にまで到達している教師が少ないのが現状であり、それが大きな問題なのです。そこで、この「大きな知識」を紹介することこそに、本書の役割がありました。

「子ども中心の学習にすべきなのだから、教師の指導は必要ない」という風潮が、「授業方法」の軽視に拍車をかけています。子ども中心なのだから、教師は一歩引いて見ているだけでよいという誤った考え方が広がっているのです。2000年ごろから顕著になり、2020年代の現在も見られる風潮です。つまり、①すら継承されなくなっているのです。

本書が、読者諸兄の「俯瞰の目」を養う一助になることを願ってやみません。

本書の執筆では、明治図書出版の矢口郁雄氏に多大な支援をいただき、感謝申し上げます。

2021年12月

大前　暁政

【著者紹介】

大前　暁政（おおまえ　あきまさ）

岡山大学大学院教育学研究科修了後，公立小学校教諭を経て，2013年４月京都文教大学准教授に就任。教員養成課程において，教育方法論や理科などの教職科目を担当。「どの子も可能性をもっており，その可能性を引き出し伸ばすことが教師の仕事」ととらえ，現場と連携し新しい教育を生み出す研究を行っている。文部科学省委託体力アッププロジェクト委員，教育委員会要請の理科教育課程編成委員などを歴任。理科授業研究で「ソニー子ども科学教育プログラム」入賞。

〈著書〉

『本当は大切だけど，誰も教えてくれない　教師の仕事　40のこと』『１ミリの変化が指導を変える！　学級＆授業づくり成功のコツ』『先生のためのセルフコーチング　自分への問い方次第で教師人生は変わる！』（以上明治図書），『必ず成功する！　授業づくりスタートダッシュ』（学陽書房），『仕事の成果を何倍にも高める教師のノート術』（黎明書房），『忙しい毎日を劇的に変える仕事術』（学事出版）など多数。

本当は大切だけど、誰も教えてくれない
授業デザイン　41のこと

2022年１月初版第１刷刊　©著　者　大　前　暁　政
2023年１月初版第４刷刊　発行者　藤　原　光　政
発行所　明治図書出版株式会社
http://www.meijitosho.co.jp
（企画）矢口郁雄（校正）大内奈々子
〒114-0023　東京都北区滝野川7-46-1
振替00160-5-151318　電話03（5907）6701
ご注文窓口　電話03（5907）6668

＊検印省略　組版所　株　式　会　社　カ　シ　ヨ

Printed in Japan　ISBN978-4-18-312229-2

大前 暁政

自分への問い方次第で教師人生は変わる！

先生のための

Self-coaching for the teachers

セルフコーチング

自分で自分を高め、理想の教師に近づくための 45 の問い

ベテランが抜け中間層も薄い今の学校現場で、若手教師は自律的に力量形成するしかない。「『苦手だから』『未熟だから』とあきらめていないか？」「『授業力』の具体的な中身を理解しているか？」と自分を高める問いを投げかけ続けることで成長の度合いは大きく変わる。

240 ページ 四六判　定価 2,156 円（10%税込）　図書番号：2156

先生のための　大前 暁政
Self-coaching for the teachers
セルフコーチング

「『ちょうどよい自分』を決めてしまっていないか？」

「『授業力』の具体的な中身を理解しているか？」

「知識と技能の違いを意識しているか？」……etc.

価値ある問いの連続で
1年後の自分を変える

明治図書

もくじ

明治図書　携帯・スマートフォンからは **明治図書 ONLINE へ** 書籍の検索、注文ができます。 ▶▶▶

http://www.meijitosho.co.jp　＊併記 4 桁の図書番号（英数字）でHP、携帯での検索・注文が簡単に行えます。

〒114－0023　東京都北区滝野川 7－46－1　ご注文窓口　TEL 03－5907－6668　FAX 050－3156－2790